从零打造爆款网红农产品

从“土味山货”到“网红尖货”

CONGLING DAZAO BAOKUAN WANGHONG NONGCHANPIN

陈　盛◎主编

甘肃科学技术出版社

图书在版编目（CIP）数据

从零打造爆款网红农产品 / 陈盛主编. -- 兰州：甘肃科学技术出版社，2020.12

ISBN 978-7-5424-2802-8

Ⅰ. ①从… Ⅱ. ①陈… Ⅲ. ①农产品—网络营销 Ⅳ. ①F724.72

中国版本图书馆 CIP 数据核字（2020）第 272932 号

从零打造爆款网红农产品

陈 盛 主 编

责任编辑 陈 槟

封面设计 九章文化

版式设计 九章文化

封面供图 图虫公司

出 版 甘肃科学技术出版社

社 址 兰州市读者大道 568 号 730030

网 址 www.gskejipress.com

电 话 0931-8773023（编辑部） 0931-8773237（发行部）

京东官方旗舰店 http://mall.jd.com/index-655807.html

发 行 甘肃科学技术出版社 印 刷 北京毅峰迅捷印刷有限公司

开 本 880mm×1230 mm 1/32 印 张 9 字 数 195 千

版 次 2021 年 6 月第 1 版

印 次 2021 年 6 月第 1 次印刷

印 数 1~10000

书 号 ISBN 978-7-5424-2802-8 定 价 23.90 元

目录
Contents

第一章

网红农产品的分类与品牌农业

第一节　农产品概念和分类

一、农产品的定义

农产品指的是来源于农业的初级产品，如高粱、花生、玉米、小麦等。即在农业活动中获得的植物、动物、微生物及其产品，不包括经过加工的各类产品。

二、农产品的常规分类

农产品主要包括两类：

第一，在农业生产活动中直接获得的未经加工的供人食用的产品。

第二，为了便于销售的初级农产品经过清洗、分拣、晾干、晒干、打蜡、脱粒、宰杀、脱毛、剥皮、净化、粉碎、分割、保鲜、冷冻、包装等简单处理的未改变其基本自然性状和化学性质的可供人食用的植物、动物、微生物及其产品。

初级农产品是指种植业、畜牧业、渔业产品，不包括经过加工的各类产品。包括：

（一）烟叶

烟叶是以各种烟草的叶片经过加工制成的产品，因加工方法不同，又分为晒烟叶、晾烟叶和烤烟叶。

晒烟叶是指利用太阳能露天晒制的烟叶；晾烟叶是指在晾房内自然干燥而成的烟叶；烤烟叶（复烤烟叶除外）是指在烤房内烘烤成的烟叶。

（二）毛茶

毛茶是指从茶树上采摘下来的鲜叶和嫩芽（即茶青），经吹干、揉拌、发酵、烘干等工序初制的茶。

（三）食用菌

食用菌是指自然生长和人工培植的食用菌，包括鲜货、干货以及农业生产者利用自己种植、采摘的产品连续进行简单保鲜、烘干、包装的鲜货和干货。

（四）瓜、果、蔬菜

瓜、果、蔬菜是指自然生长和人工培植的瓜、果、蔬菜，包括农业生产者利用自己种植、采摘的产品进行连续简单加工的瓜、果干品和腌渍品（以瓜、果、蔬菜为原料的蜜饯除外）。

（五）花卉、苗木

花卉、苗木是指自然生长和人工培植并保持天然生长状态的花卉、苗木。

（六）药材

药材是指自然生长和人工培植的药材。不包括中药材或中成药生产企业经切、炒、烘、焙、熏、蒸、包装等工序处理的加工品。

（七）粮油作物

粮油作物是指小麦、稻谷（含粳谷、籼谷、元谷等），大豆、杂粮（含玉米、绿豆、赤豆、蚕豆、豌豆、荞麦、大麦、元麦、燕麦、高粱、小米、米仁等）、鲜山芋、山芋干、花生果、花生仁、芝麻、菜籽、棉籽、葵花籽、蓖麻籽、棕榈籽、其他籽。

（八）牲畜、禽、兽、昆虫、爬虫、两栖动物类

1. 牛皮、羊皮等动物的生皮；

2. 牲畜、禽、兽毛，是指未经加工整理的动物毛和羽毛；

3. 活禽、活畜、活虫、两栖动物，如菜牛、菜羊、牛蛙等；

4. 光禽和鲜蛋。光禽，是指农业生产者利用自身养殖的活禽宰杀、褪毛后未经分割的光禽；

5. 动物自身或附属产生的产品，如：蚕茧、燕窝、鹿茸、牛黄、蜂乳、麝香、蛇毒、鲜奶等；

6. 除上述动物以外的其他陆生动物。

（九）水产品

1. 淡水产品。淡水产动物和植物的统称。

2. 海水产品。海水产动物和植物的统称。

3. 滩涂养殖产品。是利用滩涂养殖的各类动物和植物。

水产品类，包括农业生产者捕捞收获后连续进行简单冷冻、腌制和自然干制品。

（十）林业产品

1. 原木。是指将伐倒的乔木去其枝丫、梢头或削皮后，按照规定的标准锯成的不同长度的木段。

2. 原竹。是指将竹砍倒后，削去枝、梢、叶后的竹段。

3. 原木、原竹下脚料。指原木、原竹砍伐后的树皮、树根、枝丫、灌木条、梢、叶等。

4. 生漆、天然树脂。生漆是漆树的分泌物，包括从野生漆树上收集的大木漆和从种植的漆树上收集的小木漆；天然树脂，是指木本科植物的分泌物，包括松脂、虫胶、阿拉伯胶、古巴胶、黄耆树胶、丹麦胶、天然橡胶等。

5. 除上述以外的其他林业副产品。

（十一）其他植物

1. 棉花，是指未经加工整理的皮棉、棉短绒、籽棉；

2. 麻，是指未经加工整理的生麻、宁麻；

3. 柳条、席草、蔺草；

4. 其他植物。

（十二）上述第一条至第十一条所列农产品应包括种子、种苗、树苗、竹秧、种畜、种禽、种蛋、水产品的苗或种（秧）、食用菌的菌种、花籽等。

三、农产品的其他分类方式

（一）有机农产品

有机农产品是指根据有机农业原则和有机农产品生产方式及标准生产、加工出来的，并通过有机食品认证机构认证的农产品。有机农业的原则是，在农业能量的封闭循环状态下生产，全部过程都利用农业资源，而不是利用农业以外的能源（化肥、农药、生产调节剂和添加剂等）影响和改变农业的能量循环。有机农业生产方式是利用动物、植物、微生物和土壤 4 种生产因素的有效循环，不打破生物循环链的生产方式。有机农产品是纯天然、无污染、安全营养的食品，也可称为生态食品。

（二）绿色农产品

绿色农产品是指遵循可持续发展原则、按照特定生产方式生产、经专门机构认定、许可使用绿色食品标志的无污染的农产品。可持续发展原则的要求是，生产的投入量和产出量保持平衡，既要满足当代人的需要，又要满足后代人同等发展的需要。绿色农产品在生产方式上对农业以外的能源采取适当的限制，以更多地发挥生态功能的作用。

（三）无公害农产品

无公害农产品是指产地环境、生产过程和产品质量符合国家有关标准和规范的要求，经认证合格获得认证证书并允许使用无公害农产品标志的未经加工或者初加工的食用农产品。

第二节　好产品要有好品牌

发展现代农业，使中国农业与世界贸易组织要求完全接轨，离不开农业品牌。农业品牌决定农产品效益的提升，农业品牌必须以农产品为载体，农产品的质量影响着农业品牌的竞争力，农产品有市场生命周期，农业品牌则没有市场生命周期。中国加入世界贸易组织后，要充分利用这一机会发展壮大自己，保护好自己的农业品牌。

一、农业品牌以农产品为载体

实践得知，农产品不一定必须有农业品牌，但是每一个农业品牌之内均有农产品。农产品是农业品牌的基础，没有好的农产品，这个用于识别商品来源的农业品牌就难以存在。一种农产品只有能够得到消费者信任、认可和接受，才能使标定在该农产品上的农业品牌得以存活。因此，农业品牌必须以农产品为载体，农业品牌是农产品与消费者之间的认知关系，农业品牌的属性源于农产品的属性，农业品牌的承诺必须借助农产品来实现。正确认识农业品牌以农产品为载体是农业品牌运营工作的先导。

二、农产品的质量影响着农业品牌的竞争力

如今，消费者对农产品质量的要求越来越高，这种情况还有进一步加大的趋势。因此，对于农业相关产业部门来讲，不断改进农产品质量对于获得和保持良好的市场竞争优势，进而获得理想的经济效益是非常重要的手段。农产品的质量具有社会性，如果拟用于交换的农产品质量安全得不到保证，就得不到交换对方的认同与接受，该农产品也就失去了存在的价值，因而也就没有生产的必要了。不但如此，农产品的质量还会波及农业品牌。因为农业品牌是以农产品为载体的，农产品的质量关系到品牌运营企业对消费者的承诺能否兑现，关系到品牌品质的好坏，因而也就直接影响到农业品牌在市场上能否存活。如果说一个农业品牌标定下的农产品质量不能令消费者感到可信，那么，该品牌就会逐渐甚至迅速丧失市场竞争力，失去市场占有率。

三、农产品有市场生命周期，农业品牌则没有市场生命周期

（一）农产品的市场生命周期是科技进步、市场需求变化及企业间竞争的必然结果

科学技术的飞速发展为农产品的更新换代和全新产品的问世提供了技术支持，并且科学技术的发展变化是持续

不断的。消费者收入水平的不断提高、生活方式的日益变革，导致人们的需求也不断发生变化。因此，企业必须不断满足消费者的需求心理，积极开发新产品，同时要想在竞争中获得优势，也需要开发新产品。

（二）农产品创新是农业品牌永续的基础

农产品要想在企业竞争中获得胜利，就要不断地推陈出新。由于农产品是农业品牌的载体，新产品的创新使得农业品牌赖以存活的基础地位得以确立，或者说，正是因为农产品的这种不断地更新换代、不断地推陈出新，才使得农业品牌能够永远地延续下去。

（三）对农业品牌的持续而合理的投资能使农业品牌形象在消费者心中永驻

农产品创新是农业品牌永续的基础或条件，而对农产品形象的塑造并使之永驻在消费者心中则是农业品牌永续的充分条件。在消费者心目中，建立农业品牌形象如同鸟儿筑巢，只有不断地撷取稻草杂物，才能筑成温暖的巢穴，同样农业品牌的塑造也是一个漫长的过程。

四、农业品牌比农产品更重要

（一）农业品牌的差别便于消费者选购农产品

随着市场经济的发展，买方市场的特征越来越明显，面对市场上种类、花样繁多的商品，消费者的选择余地越来越大。但是，受市场竞争的影响，同一种商品的质量在不断提高，商品的科技含量越来越高，使得人们识别商品的能力相对地越来越低。资料研究表明，消费者购买食用油，其可选择的种类至少有20个；如果消费者购买大米，则有100种以上的大米可供选择。这样的例子有很多，如果仅仅靠消费者自身依据农产品本身的特点去识别产品质量的好坏而决定是否购买，那几乎是不可想象的工作量，而且还难以使自己满意。这就客观地需要外来信息来提供支持，农业品牌就是一个重要的消费者接受得到的对选购商品有支持作用的信息源。借助农业品牌，使消费者对处在不断变化发展过程中的商品信息进行及时的、全面的、动态的了解。由此，也使得消费者选购哪一种农产品变成了选购哪一个农业品牌的农产品，或者说，借助农业品牌，人们已经从一般的农产品选择阶段进入了农业品牌选择发展阶段。所以，企业从事农业品牌运营，塑造农业品牌，具有引导消费、便于消费者选购农产品的作用。

（二）同质农产品有无农业品牌会有不同的营销绩效

就农产品而言，同种同质的农产品给消费者带来的利益是相同的，理应确定相同的价格。可是，由于农业品牌能够产生超过产品价值以外的附加值，从而使得有农业品牌的商品价格高于无农业品牌的商品。实践证明，这是消费者能够认同的，自然也是企业乐此不疲的。面对农业品牌利益，我国的农业企业吃了很多无品牌的苦头，而如今，多数农业企业家已经认识到了农业品牌的重要性。

第三节 品牌农业让农民收入暴增

随着经济社会的发展，农业、农村不仅面临着难得的发展机遇，同时也面临着转型升级的迫切要求，转变农业发展方式、增加农民收入成为当前形势下的重中之重。当前我国正处在新型农业现代化建设的关键时期，如何发展品牌农业，推进农业发展方式转变、适应农产品消费升级、提高农产品市场竞争力，已成为值得研究和探索的课题。在当前形势下，发展品牌农业符合现代农业发展趋势，符合农业发展的客观规律，是农业发展方式转变之必然，具有重要的现实意义和研究价值。

一、发展品牌农业的重要意义

（一）发展品牌农业是促进农民增收的重要途径

近年来，农民收入结构发生了重大变化，农业生产经营收入比重逐渐降低，农业生产资源也受到了极大挑战，农民收入增速放缓，农产品区域性、结构性和季节性过剩时有发生，普通农产品滞销或价格低迷，直接影响了农业增效、农民增收。同时市场调查发现，品牌农产品价格坚挺，市场销售火爆，已经成为农产品销售中的重要生力军。因此，大力发展品牌农业，是连通普通农业生产与高端消费市场的有效途径，是提高农产品价格、增加农民收入的重要途径。

（二）发展品牌农业是提高农产品市场占有率的需要

我国是农业大国，多数农产品产量居世界前列，然而我国农产品国际市场占有率和国内高端市场占有率明显不足，小生产与大市场之间的矛盾依然凸显，产品缺乏市场竞争力。同时国外一些农产品，凭借其品牌效应，不断抢占国内市场，对我国传统农业生产造成极大冲击。发展品牌农业，有助于提高农产品的市场影响力，有效解决小生产和大市场之间的矛盾，变数量优势为质量优势，变资源优势为市场优势，从而有效提高国内农产品的市场占有率和市场竞争力。

（三）发展品牌农业是提高农产品质量安全水平的重要形式

当前，随着各级监管部门的不断努力和共同治理，农产品质量安全水平有了明显提高，但是由于标准化生产推广不够，生产管理粗放，监管和检测不到位，农产品质量问题仍时有发生。品牌农业其实也就是质量农业，通过品牌农业的创建，农产品质量安全水平就会跃上一个新的台阶，近几年的无公害农产品、绿色食品、有机农产品、农产品地理标志认证（“三品一标”）就充分说明了这一问题，成了国内品牌的典型代表。

（四）发展品牌农业是实现农业现代化的重要方向

党的十八大提出建设新型农业现代化的宏伟目标，新型农业现代化就是以现代科学技术、现代管理技术、现代质量要求来改造传统农业的过程，也是实现区域化布局、专业化生产、标准化种养、产业化经营、品牌化销售、社会化服务的过程，因此，品牌农业是现代农业发展的有效载体和重要体现。

（五）发展品牌农业是转变农业发展方式的重要体现

当前我国已经进入全面建成小康社会的重要时期，人们的生活质量有了显著提高，农业的发展方式已经不再局限于数量的增加，而是质量和效益的比拼，发展品牌农业有利于农业资源要素向品牌要素转化，有利于实现由数量型、粗放型向质量型、效益型转变，符合转型发展的需要，是农业发展的趋势所在。

二、品牌农业发展面临的机遇

（一）现代农业发展的机遇

当前，我国正处在新型农业现代化建设的重要时期，农业竞相发展的氛围已经形成，品牌农业发展正逢其时。品牌农业是新型农业现代化建设的重要内容和有效载体，新型农业现代化是品牌农业发展的最终目标和有力体现，抓住新型农业现代化建设的大好机遇，加快品牌农业的发展步伐，通过品牌工程实施，促进农业生产结构的调整，促进现代农业科技的推广应用，促进农业发展方式的转变。

（二）农业组织化的机遇

2013 年中央一号文件把创新农业生产经营体制、稳步提高农民的组织化程度，作为发展现代农业、增加农村发展活力的重要内容，提高农业的组织化程度关键在于土地的规模经营、农户的集约经营和培育壮大龙头企业，这些更离不开品牌的培育和发展，只有实现品牌化发展，规模化和组织化的效益才能得到充分体现，农业农村发展的活力才能得到充分激活。抓住农业组织化的机遇，抓好大户、家庭农场、合作组织的品牌培育，促进农业品牌率的提高。

（三）消费者需求的机遇

随着城乡居民收入的增加和生活条件的改善，人们不仅只注重“吃得饱”，而且逐步向“吃得好”转变，农产品的消费也将逐渐由商品消费向品牌消费转变，产品的供求关系也逐渐由卖方市场向买方市场过渡。只有迎合消费需求，大力发展质量有保障、产品可追溯、品牌有声誉的品牌农产品，才能更好满足日益增长的消费需求，实现农业的高效益、可持续发展。

三、品牌农业发展存在的问题

（一）地方政府重视不够

品牌农业是转变农业发展方式、实现农业增效农民增收的有效手段，已经引起了高层农业行政主管部门的足够重视，纷纷出台政策、开展活动进行支持和鼓励，但是许多地方部门仍然没有从传统的农业发展方式中转变过来，没有把品牌农业作为现代农业发展的重要抓手，导致品牌农业发展的“上热下冷”，没有应用于农业发展实际。

（二）农民群众认识不足

当前许多地方都在深化农村改革，农业组织化程度有待提高，农民对于农业增效、农民增收思路不广、方法不多，仅仅局限于产量的提高和市场规律的主观认识，缺乏对品牌发展的研究，同时一家一户分散经营模式难以创建有影响力的品牌，品牌对农业增效、农民增收的作用难以显现。

（三）品牌建设管理不力

当前，在品牌建设上，重创建，轻培育，缺乏必要的宣传和管理，品牌的生命力不强，不能发挥应有的效果；同时由于缺乏规范的评选和有效的监管，个别认证机构把关不严，各类品牌评选泛滥、质量不高，失去社会公信力；品牌获得单位缺乏对品牌的自我保护意识和规范生产约束力，品牌质量得不到保证，品牌发展受制；政府对品牌的监管保护不力，假冒伪劣品牌现象时有发生，严重影响品牌的社会影响力和声誉度。

（四）品牌市场培育滞后

当前，各级农业行政主管部门都在开展各类品牌农产品评选活动和“三品”认证，许多合作组织、企业和个人也认识到品牌农业发展的前景和方向，纷纷参加品牌评选和各类认证，但是由于品牌农产品市场培育不够，获得品牌的产品不能实现优质优价，极大影响了群众创建品牌的积极性，这是品牌农业发展的症结所在。

四、品牌农业发展的对策

（一）广泛开展品牌农产品评选推介活动

各级各部门应该开展不同形式的品牌农产品评选活动，筛选出具有地方特色和质量保障的产品进行命名、包装、宣传和推介，提高地方农产品的知名度；要积极组织参加不同类型的品牌推介活动，让本地企业和产品走出去，学习借鉴外地先进经验，宣传推介自己的特色产品，让地方品牌农业走向全国，走出国门，提高品牌农产品的市场占有率。

（二）全面加大对品牌农产品的扶持力度

出台相关政策，鼓励农民专业合作组织和相关企业发展品牌农业，培育出更多的地方品牌；要在科技、信贷、项目等方面进行支持，让品牌拥有者增强发展后劲，提高发展活力，促进品牌农业做强做大。

（三）有效提高品牌农产品的质量水平

在品牌创建和品牌监管上下功夫，严把品牌农产品质量关，提高对品牌农产品质量监管的频次，全面检查，严格要求，认真把关，加大惩处力度，把品牌农产品做成放心安全的农产品；要把品牌创建作为提高农产品质量安全水平的有效载体，使之彼此相依，共同提高。

（四）切实加强品牌农产品的保护力度

加大对品牌农产品的保护力度，打击假冒和损害品牌农产品的行为，维护品牌农产品和消费者的合法权益，把品牌农产品的保护等同于其他商品品牌的保护，工商、农业、质监等部门共同参与，构建品牌农产品的严密防护网。

（五）全力构建品牌农产品市场流通体系

利用“农超对接”等有效的农产品销售渠道，积极组织相关企业探索优质农产品流通的新领域、新方法，利用现代物联网等信息技术，积极开展电子商务，拓展流通方式，加快交易速度，构建全新的品牌农产品市场流通体系，提高品牌农产品的市场占有率，促进农业增效、农民增收。

第二章

爆款网红农产品的命名与推广

第一节　好名字抓住网络消费者的心

朗朗上口，容易记的品牌名才是一个出色的品牌名，市场上关于农产品的品牌命名却是良莠不齐，要想农产品获得更好地发展，就得让农产品品牌命名直击消费者的心。

一、农产品品牌命名的方法

（一）写出和“农”有关的名字

带果的名字例如××果园、××果品、××鲜果等；和地理环境相关的如×湖人家、山里×、××山、自然××、××村、××坡等。

（二）写出和“品质”有关的名字

可以在商标上婉转地表现出产品的品质。例如××优果、××鲜果、好果××、灵果×等。用这个方法给农产品商标起名是一个不错的选择。

（三）形象法

形象法就是指运用动物、植物和自然景观来为商标命名。如“××狼”服装，给人以狂放、勇猛的感受，使人联想起电影《与狼共舞》的经典情节；“×象”地板，让人产生大象都难以踏坏的地板形象；还有“××鹰”“熊猫”“××豹”“牡丹”“翠竹”等。运用形象法命名商标，借助动、植物的形象，可以使人产生联想与亲切的感受，提升认知速度，对于农产品品牌命名也是同样的道理。

（四）价值法

价值法就是把所追求的目标凝练成语言，来为商标命名，使消费者看到产品商标，就能感受到企业的价值观念。如××“盛大”网络发展有限公司、××“远大”企业，突出了企业志存高远的价值追求。福建“兴业银行”，就体现了“兴盛事业”的价值追求。武汉“健民”突出了为民众健康服务的企业追求。北京“同仁堂”、四川“德仁堂”，突出了“同修仁德，济世养生”的药商追求。因此，运用价值法为农产品商标起名，对消费者迅速感受企业价值观具有重要的意义。

二、农产品品牌命名的四种模式

（一）农产品品牌的产地品牌

农产品品牌的产地品牌指拥有独特的自然资源以及悠久的种养殖方式、加工工艺历史的农产品，经过区域地方政府、行业组织或者农产品龙头企业等营销主体运作，形成明显具有区域特征的农产品品牌。一般的模式是“产地+产品类别”，如“西湖龙井”“库尔勒香梨”“赣南脐橙”

等，该类品牌的价值就在于生产的区域地理环境，至于是这个区域哪家企业生产的，并不重要。一般这种有特色的农产品品牌都已注册地理标志，受《商标法》的保护，是一种极为珍贵的无形资产。

（二）农产品品牌的品种品牌

这是指一个大类的农产品里的有特色的品种，既可以成为一个品牌，也可以注册商标。例如，“水东鸡心芥菜”就是一个农产品品牌的品种品牌。有的品种到现在为止还没有注册成品牌，但是也广为人知，如红富士苹果。农产品品牌的品种品牌一般的格式是“品种的特色＋品类名字”。例如，“彩椒”就是彩色的辣椒，这是外观的特色；“糖心苹果”就是很甜的苹果，这是口感的特色；“云南雪桃”是文化特色等。只要产品有特色，都可以注册成商标，也便于传播。

（三）农产品品牌的企业品牌

农产品品牌的企业品牌指以农产品企业的名字注册商标，作为农产品品牌来打造，例如中粮和首农就是农产品企业品牌，打造的是农产品企业整体的品牌形象。农产品品牌的企业品牌可以用在一个产品上，也可以用在多个产品上，例如“雀巢”这个企业品牌，有“雀巢”咖啡、“雀巢”奶粉、“雀巢”饮用水等。对于农产品流通领域来说，还有一种渠道品牌，也属于企业品牌这一类。渠道品牌就是一个渠道的名字，例如“天天有机”专卖店，里面卖的都是有机绿色食品，店里可以有几百个甚至上千个产品品牌。

（四）农产品品牌的产品品牌

农产品品牌的产品品牌指对于单一一个或者一种产品起一个名字，注册一个商标，打造一个品牌。这种模式大家日常生活中比较常见。

第二节　农产品要爆红，推广少不了

品牌塑造通常包括品牌设计和品牌推广两个方面。品牌设计是品牌推广的前提，品牌推广是品牌设计的主要目的。再好的设计如果没有有效的推广，其效果都是零。有时，并不优秀的品牌设计经由有效的传播途径和手段，品牌效应也能获得成功。显然，品牌推广对于品牌塑造有着至关重要的作用。

毫无疑问，农产品品牌的塑造也与农产品品牌的推广密切相关。鉴于农产品本身的特点和农产品品牌塑造的特殊性，我们着重对影响农产品品牌推广的要素进行分析，为农产品品牌的成功推广提供一点借鉴。

一、农产品品牌推广的重要意义

品牌推广，也称品牌宣传，通俗地讲就是品牌贩卖，它是品牌建设的最终目的，即将品牌最终送到消费者手中从而实现品牌价值，这时候的品牌推广已经拥有了前期一系列大量工作的铺垫，它将促使消费者最后做出购买决定。

实施农产品品牌战略、推广农产品品牌是适应社会主义市场经济条件下农业产业化生产需求，实现产品立足本地、面向全国、走向国际市场的战略性举措，将有利于积极推进现代农业社会化、市场化、商品化和专业化的进程。同时，对那些正在实施农产品品牌运作的企业更具有实际意义和显著的经济价值。

首先，推广农产品品牌适应了现代社会发展的需要，符合农业产业化生产组织方式的要求，适合农业生产专业化、商品化的特点，为改变传统农业的“弱质性”，形成优势产业创造条件。

其次，推广农产品品牌有助于降低农产品的生产和运营风险。中国传统的农业经营模式是小农经济结构，以户或村、组为单位分散经营，技术操作流程及生产加工流通环节由生产或经营者个体人为的控制，缺乏制约和标准，随意性较大，抵御风险的能力比较差。借助品牌的推广提升农产品知名度，确保农产品稳定的销量和畅通的渠道，有利于稳定农业生产，降低市场风险。提高农民的收入只能从根本上抓起，提高农民的素质，加强农业产业化的管理，提高农产品的质量，打造品牌农业以降低生产运营中的风险。

最后，农产品品牌推广可以有效地提升农产品企业的市场竞争力，提高农产品生产企业的经济效益。例如：素有“茶盖中华、价压天下”之美誉的君山银针是中国十大名茶之一，具有五千多年的悠久文化历史。这么好的产品前些年却一直“藏在深山人未识”，并没有给当地人民带来良好的效益。近年来，湖南省茶业有限公司通过多种多样的文艺形式宣传推广“君山银针”品牌，弘扬“先天下之忧而忧，后天下之乐而乐”的湖湘文化。目前，已在全国14个大中城市和日本、俄罗斯、美国等11个国家和地区建立了“君山品牌茶示范专卖店”30家，连锁专卖店180家，其中包括在长沙解放西路“湘茶大厦”的品牌旗舰店，在世界范围内形成了庞大的营销网络。

二、农产品品牌推广的基本方式

农产品品牌推广的方式多种多样，并无固定的模式。研究发现，近年来我国农产品营销中最有效的品牌推广方式为口碑传播、电视广告、利用产品本身的推广、公共关系、人员推销、网络广告、实地推广、终端促销等。

（一）口碑传播

农产品消费是一种重在品质的消费，而品质只有经过体验才能被感知。感知的效果因人而异。只有满意的顾客才会积极地去为满意的产品做宣传，才能为品牌的推广做贡献。所以，口碑传播便成为农产品的品牌推广最有效的手段之一。

口碑传播就是让满意的人告诉他身边的亲朋。在亲朋之间交谈的时候，人们都是没有戒心的，信息可以直接到达受众的心底。口碑传播是平时人们面对面的沟通方式，它是最直接、最高效的方式，容易成为一个“圈子”中一个时间段的谈论话题。口碑传播的说服力比广告，比公关，比其他任何推广方式的说服力都要强。这也是终端推广乃至企业推广的最高境界：让别人主动为你说好话，让消费者去为你的品牌、产品做推广，做销售。而且，不需要你付出任何的代价。因而，口碑传播可以作为终端推广的一个永恒目标。

口碑传播的要领是产品品质确实好；如果有人有意识地对产品特点进行总结，并概括成朗朗上口（或者易懂易记、幽默风趣）的传播语言，效果更好。

（二）广告策略

广告是借助大众媒体的营销宣传术，是农产品品牌推广的主要工具。很多产品都会用精美生动的电视广告、印刷广告、车厢广告等进行整合广告传播，使其品牌形象深入人心。

根据市场定位，确定产品的优势，确定广告的内容，对消费者的观念施加影响，引导和影响他们对农产品市场的看法、偏爱和最终的选择；广告表现手法宜采用符合目标客户品味的表现手法，以务实为主，强调简明，可信，以单刀直入的方式表明农产品的利益点和支持点，不追求前卫创意和过度的艺术表现突出产品卖点，以媒体品牌塑造和产品性价比两大推广线，构成总体的广告推广策略。

运用电视做广告，可以图文并茂、有声有色地展示农产品的特点，感染力强，传播效果较好。只是成本较高。运用广告宣传农产品需要注意准确地把握消费者的真正需求，卖点要鲜明，表现形式要有创意。

（三）利用产品本身进行品牌推广

调查发现，许多消费者对产品本身的品牌推广极感兴趣。如“SOD”蜜苹果等将产品商标或品牌名称贴在果品本身，通过改变日照结果将品牌文字或图案留在果品身上，让顾客非常直观地感受品牌，印象非常深刻。只是这种推广方式的适用范围非常有限，很多农产品难以操作。

（四）公共关系推广

公共关系主要是通过塑造企业的形象，提高企业或产品的知名度和美誉度，给公众留下积极、美好的印象，间接地促进产品销售的品牌推广方式。其特点往往是“醉翁之意不在酒”，见效慢但却较持久。适合农产品品牌推广的公关策略主要有：

1. 相关会议的展示和演讲。如参加农产品博览会、交流会、相关专题的研讨会等，展示产品形象，宣传产品特点，传播品牌概念。

2. 利用与消费者息息相关的活动或者节日等进行品牌推广。

3. 公益服务。如向特定公众进行赞助等。这是公关常用的方式，树立企业的美誉度和知名度。

4. 书面材料。在对主管部门汇报时或者在媒体刊发时采用此方式。总之有个原则只要是符合法律法规的，能对企业的形象做促进工作的方式都是可以采取的公关方式，可以在具体情况下灵活运用。

公共关系推广虽然见效慢，但对品牌形象的塑造和传播却极为有效。运用得巧妙的话，往往能收到事半功倍的效果。

（五）网上建推广基地

网络广告是近些年发展十分迅速，而又备受年轻人欢迎的媒体形式，具有明显的非强迫性、交互性、实时性、经济性、形式多样、易统计性等特征。不少地方的政府和企业利用网络来进行农产品品牌的推广，取得了非常明显的效果。如浙江省嘉兴市南湖区开发中国南湖品牌农产品推广平台，以建设网上农产品品牌发展推广基地为目标，打造网上品牌资源集成服务中心、农产品品牌培育中心、护牌创牌信息中心，使全区特色农产品“抱团”打品牌。为全面形象生动地推出南湖区名特农产品，网站进行了三个方面的展示：企业形象展示，通过简介、荣誉，全面展示品牌企业的风采和实力；农产品形象展示，分门别类地展示南湖区知名品牌的农产品，显示当地的区域特色，将一些不为外地人所知的优质农产品利用互联网推到前台；产品品牌形象展示，通过五芳斋、文虎等一批中国驰名商标和省市级著名商标的展示，引领南湖区农产品的品牌形象整体提升。

（六）人员推销

人员推销是企业的销售人员用面谈的方式，向具有购买欲望的顾客介绍商品，推销商品，实现企业销售目标。品牌农产品的推广需要建立强大的推销队伍。重视人员队伍的招聘、培训、评估和激励，并注重人员推销技巧的运用，通过演示和演说积极传递品牌农产品的新信息，建立长期的客户关系。

如果农产品企业采用高端定位，希望实施高端消费带动战略，就需要利用团购等形式，借助于一些处于较高地位的组织或人进行产品试销，需要人员去推销。企业要发展经销商，也需要一定的推销代表。

（七）实地推广

由于农产品具有品质重在实际体验的特点，导致人们对农产品的天然、自然、原产地倍感兴趣，似乎只有原产地的东西才最正宗，因而许多人乐意借旅游、出差、路过的机会到原产地购物，甚至有些人专程到原产地购买产品。所以，利用好原产地的优势来进行品牌推广十分重要。

遗憾的是许多农产品都是地域性的，人们容易误认为凡是当地的都是正宗的。而农民也乐得如此，以便趁机在路边、田间、地头、村口摆摊设点、现场零售。不少地方的农产品组织化程度还较低，品牌保护意识还较为淡薄，导致一旦某个地方的农产品出了名，附近的同类产品便会一拥而上，以至于鱼龙混杂，良莠不齐，这是农产品品牌企业最头疼的事。

（八）终端推广

农产品营销无论是采用直营还是利用中间商网络进行销售，最终都是要通过终端进行产品的展示和销售。终端产品展示的形象直接影响消费者的购买欲望和购买行动。因此，农产品企业必须重视渠道终端现场的品牌推广工作。

终端品牌推广集中体现在品牌宣传、品牌展示（包装）、摆放位置、导购员的介绍等方面。如何设计吸引人眼球的宣传品（海报、吊旗、条幅、展板等），产品外包装至关重要；选择合适的排放位置，集中、大量摆放统一品牌的产品也会产生较强的视觉冲击力；导购员得体的介绍，充分展示产品的卖点，传播品牌的文化内涵，更是品牌推广最有效的环节和手段。

总之，农产品品牌推广基本上离不开推动和拉引两大基本策略，每一种策略都包括一些具体的推广方式，每一种方式都有利有弊。企业在选择农产品品牌推广方式时，应根据农产品的特点、目标定位、自身实力、渠道模式、发展战略等，结合各种推广方式的特点来确定，切不可机械模仿，盲目照搬别人的做法。

三、农产品品牌推广成功的主要影响因素

当前农产品贸易在发生着深刻的变化，随着农产品市场竞争的日益激烈，农产品的销售也在不断地探索种种可行的途径。从今天所拥有的大批优质品牌可以看出，农产品的品牌营销已经慢慢走上了规范的道路。要适应现代社会和市场需求，成功地推广一个农产品品牌是一件十分不容易的事。除了正确地选择、恰当地运作品牌推广方式之外，还需要注意如下一些影响农产品品牌推广成功的因素。

（一）农产品本身的特点能否成为品牌推广的“卖点”

现代营销学认为，要想让消费者购买你的产品就必须

给消费者一个购买你产品的理由。这个理由，从消费者角度讲就是“买点”，从营销者角度讲就是“卖点”。富硒米“防癌”、普洱茶“养胃”、鸡蛋“绿壳”营养好等便是例证。信阳毛尖好是因为信阳的特殊气候和土壤；原阳大米好在于黄河水中有利于稻谷生长的物质与当地的土壤有机地结合；灵宝的苹果特别甜，是因为气候条件好等。

（二）推广方式必须与农产品品牌的目标定位相一致

“自说自话”“对牛弹琴”实质上说的都是没有找到目标人群，所谓对什么样人说什么样的话。那么，任何一个营销推广的进行，我们都必须明确我们的目标人群在哪里，有针对性地对他们进行教育、影响，甚至直接说服购买。如何让推广效果得到提升，提升品牌的知名度，找对目标人群很关键。一种农产品一旦定位为高端产品，绝对不能选择路边店、小型零售店，更不能走街串户乱吆喝。如果是定位于大众消费，包装就不能太高档，定价也不能太高，也不适宜在高级大卖场中出现。

（三）品牌名称必须易于传播和推广

简洁、上口、易读易记易懂、富于启发、寓意吉祥的品牌名称是品牌传播的第一要素。让消费者听见看见品牌就忘不掉是品牌推广的最高境界，让消费者消费过产品后有说头、有想头、有品头是品牌推广成功的标志。

品牌名称的核心价值有三重，即理性价值、感性价值、象征价值。成功的品牌最终的象征意义中最根本的意义应该超越具体的产品功能，找到人性所追求的美好的瞬间，让人感动不已，流连忘返。这便成就一个成功的品牌。所以，成功的品牌营销其实就是美好的价值营销。留住瞬间的方便和美好，就留住了瞬间的感动，就留住了人生最重要的东西。

（四）产品包装要有助于品牌推广

包装是品牌形象的重要构成部分，它不仅是品牌形象的直接体现，也是品牌持续传播的主要载体。粗俗、简陋、毫无特色的包装不仅无助于促销产品，反而会大大影响产品的品牌形象。精美、灵巧、实用、特色鲜明的包装一旦与产品的特性相适应，便会快速直接地刺激消费者的购买欲望，甚至消费者在使用过之后也舍不得扔掉，便会发挥更为持久的促销作用。

长期以来，农产品销售中一直对包装不够重视，存在着“一流产品，三流包装”的普遍现象，这也是许多农产品卖不上价钱，品牌效应难以发挥的主要原因。随着人们的生活方式和消费意识的不断变化，过去的加工食品逐步转向天然、生鲜食品，注重营养与口感紧密相结合，消费者对农产品的包装开始讲究起来，一些农产品营销者也开始重视包装了。不过也出现了一些“一流包装，三流产品”之类的过分注重包装的现象。过犹不及，如果品牌没有过硬的产品质量作支撑，金玉其外，败絮其中，是永远都不会有生命力的。

（五）宣传推广力度要适度

进行品牌宣传推广，需要一定的资金投入。如果投入过低，不仅宣传的范围会受到限制，而且宣传的效果也会大打折扣。如果投入过高，超出企业的预算或承受能力，虽有可能获得一些促销效果，但可能增加成本，降低利润。因而，农产品企业的品牌推广费用必须与企业的实力相匹配，量力而行。值得注意的是，好的品牌推广不一定靠钱堆出来，巧妙的运作完全可以取得四两拨千斤的奇效。正所谓运用之妙，存乎一心。

（六）农产品品牌推广要随着产品生命周期阶段的变化进行调整

农产品品牌的宣传推广不可能是固定不变、一劳永逸的，边际效用递减的规律在这里也是存在的。所以，农产品的品牌推广方式也应随着市场发展阶段的变化而变化。通常情况下，在产品生命周期的引入期，应以拉引式的广告为主，配合促销鼓励消费者尝试使用新产品，旨在提高产品品牌的知名度。在成长期，消费者对品牌的认知水平大大提高，应加强广告和促销，促使消费者购买，重在提高产品品牌的美誉度。在成熟期，广告诉求重点应转变为提醒老顾客重复购买。

（七）高档定位的农产品品牌最好“自上而下”地进行推广

高档定位的农产品品牌，一般价格都比较高，其目标对象多为城市高收入阶层或者社会声望和地位都比较高的消费阶层，这类人通常都有一定的社会影响力，在消费过程中有时也会产生“榜样”（暗示）的作用，容易形成消费模仿和时尚流行。通过公共关系、人员推销、团购、免费品尝等方式，让这部分人养成消费该品牌产品的习惯，从而带动更多的人模仿和从众消费。

（八）遵循由近及远的原则开展品牌推广活动

一方水土养一方人。因地理位置、气候、土质和水质的差异性等，造成农产品本身品质、口感等方面的差异，加之传统社会物流运输条件的有限性，使农产品的销售和消费具有明显的区域性，并且传统社会农产品品牌的传播方法多以口碑相传，其传播范围自然很有限。作为食用物品，如果没有亲身的体验，很难产生消费欲望。消费者的消费体验是产品品牌传播的依据，也是消费习惯养成的基础。所以，农产品品牌的传播除具有口碑性、区域性之外，还具有明显的由近及远的传播特点。现代社会，虽然大众传媒和互联网可以使品牌传播的范围更广、速度更快，但要改变消费者的习惯却非朝夕之功。所以，农产品的推广最好实行“本地带动、周边辐射，由近及远、循序渐进”的推广战略，既可以节省费用，又可以稳步发展。

第三节 树立农产品品牌保护意识

随着农产品市场化程度的不断提高，农产品之间的竞争日益激烈。已有越来越多的农产品生产者和经营者认识到农产品品牌保护的重要性，那么，究竟应如何才能做好农产品品牌的保护工作呢?

要做好品牌保护，至少应该做好如下工作。

一、强化品牌保护意识，及早申请注册商标保护

商标专用权是品牌保护的最核心问题。商标专用权决定着财富的归属。其他任何人不得在相同或类似商品或服务上擅自使用与注册商标相同或近似的商标。在商标注册人许可的情况下，他人方可使用其注册商标。

当前，一些不法分子擅自利用他人的知名字号或商标作为自己的字号，通过“搭便车”制造市场误认、混淆效果，争取市场交易机会，严重违反了诚实信用的市场交易准则，属于典型的不正当竞争行为。

新疆阿克苏地区在农产品种植上大力推广标准化生产，确保农产品优质、绿色、健康。与此同时，阿克苏地区花大力气培育农产品品牌，大力实施品牌战略，逐步形成了一批以“红旗坡苹果”“阿克苏红枣”“阿克苏核桃”“库车白杏”等为代表的知名品牌。全地区目前注册登记的农产品商标共 2091 件，“宝园”核桃、“天山贡”红枣、“红旗坡苹果”3 个产品获得中国名牌产品，“阿克苏红枣”“阿克苏核桃”等 8 个产品获得新疆著名商标；“阿克苏红枣”“阿克苏核桃”“阿克苏苹果”“库车白杏”等 15 件商标获地理标志证明商标。

至 2015 年底，我国农产品商标注册量超 200 万件，同比增长 51.9% 占全部商标注册总量的 13%；地理标志核准注册 219 件。注册商标成为当前我国农产品走向市场的通行证。

品牌和商标既有联系又有区别。通常情况下，企业先设计品牌，然后再将品牌中的部分文字、图案、标示等内容作为商标申请注册。一旦注册成功，该部分内容就受到相关法律的保护；而没有注册的部分则不受法律的保护。二者之间的第二个区别在于用与不用的效果差异。品牌如果不使用就不会产生任何价值，而商标一旦注册成功，即便闲置不用，别人也不能使用，一旦发现未经许可被人擅自使用便可依法追究，获得经济赔偿。第三个区别在于设计的复杂程度和难度。商标要求不得与其他商标类似或者雷同，所以设计的要求更高，难度更大。

显然，将品牌注册，成为商标，依法受到保护，是农产品实施品牌保护最有效的策略和措施。

不过，注册商标并不是一件简单的事情。除了要考虑注册的内容设计之外，还需要考虑注册的范围（领域）、期限、要不要申请国际注册以及注册费用等问题。

注册期限和国际注册都会涉及费用问题。关键是企业必须善于分析花费资金在注册商标上还是花费在今后的查假、打假等方面，哪一个更合算，同时还要在商标到期时抓紧时间续展，以免被人抢注。

其实，目前商标注册的费用并不高，注册驰名商标和一般商标的费用并无差别，如果委托中介机构代理，注册一个商标的费用约为 2000 元，商标的有效期为 10 年，注册后，并不需要为商标再交纳年费或其他费用。

二、实施防御性商标注册，构筑品牌防火墙

保护品牌注册商标最有效的策略就是防御注册策略。

防御商标是指驰名商标所有者，为了防止他人在不同类别的商品上使用其商标，而在非类似商品上将其商标分别注册，该种商标称之为防御性商标。我国现行的《商标法》对此种商标尚无明确规定，按照国际惯例，此种商标一般难以注册，但一经注册，则不会因其闲置不用而被国家商标主管机关撤销。通俗而言，防御性商标就是构筑在企业重点商标周围的一道“防火墙”。一般包括商标内容设计、注册范围和注册区域等方面的防御。

（一）注册商标内容防御策略

注册商标内容的防御，就是将与本商标相近或相似的

名字、标示等内容同时申请注册，主要用来防御自己的品牌被仿冒。例如知名品牌“娃哈哈”，不仅在国家商标局注册了“娃哈哈”品牌，还同时注册了一系列诸如“哈娃娃”等相似或可能被竞争对手窥伺的其他商标，“哈娃娃”就是“娃哈哈”的“防御性商标”。

（二）注册范围的防御策略

注册范围的防御策略，主要考虑该商标是仅适用于一类商品还是准备应用于多类商品。注册商标就像占领阵地一样，注册的范围越大占领的阵地就越大，在商场上品牌的发挥空间也就越大。

国际上关于商标注册及其管理的权威文件《尼斯协定》规定，同一个商标可以适用于45个类别的商品。如果注册范围太窄，不利于品牌的拓展；如果注册范围太宽，有些领域自己根本不打算进入或者不可能进入，便会白白浪费注册费用。

“金鹭家私”在萧山可谓家喻户晓，于1991年1月20日取得该商标的专用权。随着企业的发展，“金鹭”品牌的知名度也在不断提高，但“金鹭公司”却没有及时全类注册保护该品牌。到了10多年后的2004年，问题终于出现了，“金鹭公司”经常接到消费者的投诉电话，说它的电动车有问题，而“金鹭公司”却并未生产电动车。由于“金鹭家私”有较高的知名度，消费者就误以为“金鹭牌”电动车也是金鹭家具公司生产的。“金鹭公司”遂向当地工商局举报。然而工商局的答复是萧山某公司在电动车上使用“金鹭”商标是完全合法的，为什么呢？根据《商标法》的规定，在不同的商品上是可以注册和使用相同的商标的。这对于“金鹭公司”来说，负面影响是极大的。一方面，眼睁睁地看着对方瓜分“金鹭”品牌的信誉度和美誉度，另一方面还因为对方的产品存在质量问题影响了该品牌的声誉。这些负面影响给“金鹭公司”造成的损失是不言而喻的。

（三）品牌疆域的保护策略

对于国内企业的重点商标，企业除了在国内注册外，还可以选择在主要客户所在的国家或地区进行国际商标注册。根据法律，只有在当地注册的商标才能获得当地的保护，国内企业也可在国外注册防御性商标。

中国企业可以通过多种途径申请国际商标注册，并根据自己的需要在一国、多国内申请保护。各种国际注册途径有各自的优缺点及补救措施。当国际注册商标出现异议或争议时，要根据情况按规则办理。

我国的一些企业，包括全国著名的商标，都有在国外被人抢注的遭遇。联想的英文名 Legend 在全球竟被 100 多家公司注册过商标，行业遍及娱乐、汽车等；红塔山在印尼遭到了抢注，使其在整个东南亚地区的销售都受到影响。

我国绝大多数原产地名称都没有注册成集体或证明商标，这给我国农产品品牌的建设留下了隐患。

鲁迅先生在《腾野先生》里提到的胶菜，如今已连续两年卖到了 50 元一棵的价钱，这样的事情在胶菜的原产地山东省胶州市已不算新鲜事了。农民们说，这得益于胶州市局着力推进的“商标兴农”工作。

胶州大白菜栽种历史已有1000多年，作为胶州的特产之一，不仅在国内享有盛誉，在国外也早有盛名。胶州市地处胶州湾畔，拥有丰富的农产品资源，其中以胶州大白菜、土豆、羊角椒、大花生等最为有名。这些农副产品种植面积广泛，产量丰硕，但由于受人们对商标品牌作用意义认识不足、重视程度不够以及对品牌运作缺乏经验等因素影响，品牌农业发展一直徘徊不前。为切实改变这一现状，胶州市编制了胶州市品牌发展三年规划，决定在全市实施商标战略，同时开展了商标“进农村、促发展”等活动。

紧接着，胶州市对农副产品也进行了梳理，制定了农副产品发展目录，特别对市场前景广阔、发展潜力大、注册条件非常齐备、具备争创农业名牌条件的农产品进行重点培育和扶持。以大白菜、土豆、植物油等区域特色农业为重点领域，以涉农经济组织为重点对象，积极帮助和扶持其争创地理标志证明商标和驰名、著名商标，并为农产品商标提供商标设计、咨询查询、填报材料、申请注册各环节的全方位服务。

“胶州农产”品牌形象不断发展壮大，目前全市拥有农产品品牌78个，其中拥有国家级农产品品牌5个，山东省级农产品品牌13个，青岛市级农产品品牌24个，“三品一标”认证单位77家，涌现出一大批以胶州大白菜、胶州马铃薯、胶河源蔬菜、少海茗茶、知青大米、娄敬西红柿、宋家芹菜等为代表的具有地方特色的优质特色农产品品牌，尤其是“红（辣椒）黄（马铃薯）黑（里岔黑）

白（胶州大白菜）”四大特色品牌已逐渐走进青岛市民的家庭。

三、驰名商标保护策略

与普通注册商标相比，法律、法规对注册驰名商标保护的规定较为完善。在司法实务中，通过适用《商标法》关于驰名商标的特别规定以及对注册商标的一般规定，基本可以解决保护问题。

根据《商标法》第 13 条的规定，注册驰名商标所有人的禁止权，不限于类似商品上的近似使用，还包括非类似商品的使用。这一规定实现了对注册驰名商标的跨类保护，从而使对注册驰名商标的保护水平明显高于对普通注册商标和未注册驰名商标的保护水平。

具体而言，前文所述未注册驰名商标所有人享有的“特权”，注册驰名商标所有人当然享有；《商标法》对普通注册商标保护的一般性规定适用于注册驰名商标，如当注册驰名商标与普通注册商标发生了冲突时，优先保护注册驰名商标；未经驰名商标注册人许可，在同一种商品或类似商品上使用与注册驰名商标相同或近似商标等行为，当然构成对注册驰名商标专用权的侵犯。

国内企业可通过提升自身的知名度和企业规模，使持有的商标在本国成为驰名商标。保护商标的各类国际条约中对驰名商标的保护力度都非常强，使拥有驰名商标的企业在进行商标注册时能够避免许多烦琐的程序。即使是该驰名商标在“成名”前已被国外抢先注册，驰名商标的持有人依旧可以向当地商标注册部门申请撤销。

在国家工商总局认定的涉农驰名商标涵盖了农、林、牧、副、渔各类产品。“安溪铁观音”“库尔勒香梨”“柘荣太子参”等地理标志也相继被认定为驰名商标。

四、注册商标与产品认证双保险

无公害食品是保障国民食品安全的基准线，绿色食品是有中国特色的安全、环保食品，有机食品是国际上公认的安全、环保、健康食品。随着消费者健康消费观念的增强，三者都以鲜明的形象和品质越来越受到消费者欢迎。而目前我国已经形成无公害农产品、绿色农产品、有机农产品三个层次相互拉动、相互支持并在一定条件下相互转化的条件。开展无公害农产品、绿色食品和有机农产品认证，是农业品牌化工作的重要内容。经过认证的农产品可以让消费者感到物有所值，可以有效地固定消费群，增强优质绿色产品的市场竞争力。因此，积极推进认证产品市场准入制度是提升农产品品牌形象，完善农产品生产、加工、标识、销售和管理体系，提高农产品品牌竞争力的关键。

如果企业有了注册商标，再获得绿色产品或者有机产品认证证书，便可获得双保险。

五、许可他人使用品牌要谨慎

注册商标的使用许可是指商标注册人通过签订合同许可他人使用其注册商标。这种确立商标使用关系的协议通常称为商标使用许可合同或商标使用许可证，由于合同的签订常常是有偿的，故商标使用许可亦属于国际上流行的许可证贸易的一种。

商标的使用许可同商标的转让不同，商标的转让将发生注册人的变更，相应的注册商标权利由一个主体转移到另一个主体。商标的使用许可并不发生商标主体的变更，注册人所出让的仅仅是商标的使用权，而自己仍保留所有权。从这个角度上讲，商标的使用许可类似于有形物的出租。

使用许可制度有利于推广新技术，满足市场的需求，促进对外贸易。目前，在许多商品上我们都可以发现商标使用许可关系。建立商标使用许可，对于被许可人来说，有利于引进先进的生产技术、生产工艺，提高企业的产品质量管理水平。另外，通过使用他人有一定知名度的商标还可以提高自己商标的档次，最终建立自己的驰名商标。

对于许可人来说，商标使用许可不但可以收取商标使用费，更重要的是，可以扩大自己商标的知名度，可以借助他人的力量帮助自己去占领那些自己无暇顾及或不宜立即进入的市场。另外，大多数国家用商标法律都将被许可人对商标的使用视为许可人的使用，从而使注册人免除因商标不使用而导致撤销注册之忧。

农产品品牌较强的地域性，使得品牌的专属性很难落到实处。为了保证自己的利益，维护品牌，带动乡邻共同富裕，与经销商实现共赢，使用商标许可应当是必要的和有效的。只是由于有些被许可人急功近利、利欲熏心，往往做些以次充好、以假充真的勾当，或者因为服务不到位而最终损害品牌形象。所以，农产品生产企业在使用品牌许可经营时，必须注意以下问题：

首先，当事人之间应签订商标使用许可合同，该合同既可以是专门为商标使用许可而订立的，也可以是技术引进合同或专利许可合同的一部分。双方应当约定：使用商标的期限，使用方式，使用费的计算及结算方式，使用该商标的商品质量控制等内容。

其次，许可人与被许可人应共同保证使用人的商品质量。被许可人还应在其使用该商标的商品上标明被许可人的名称和商品产地。这是《商标法》为商标使用许可的当事人明确规定的义务。

再次，不得滥施许可。我国商标法中对滥施许可行为及不顾商品质量的行为作出了责令限期改正、予以通报或罚款直至撤销其注册商标的处分规定。

六、掌控销售渠道

销售渠道是企业最重要的资产之一，同时也是变数最大的资产。它是企业把产品向消费者转移的过程中所经过的路径。这个路径包括企业自己设立的销售机构、代理商、经销商、零售店等。对产品来说，它不对产品本身进行增值，而是通过服务增加产品的附加价值。对企业来说，销售渠道起到物流、资金流、信息流、商流的作用，完成厂家很难完成的任务。不同的行业、不同的产品、企业不同的规模和发展阶段，销售渠道的形态都不相同，绝大多数销售渠道都要经过由经销商到零售店的环节。为了满足零售店的需求，也为了自己的利润最大化，很少有经销商只代理一家的产品，而是有自己的产品组合。

有时候，往往也会发生一些经销商不顾厂家品牌形象，滥用品牌、损害品牌的现象。常见的表现就是以次充好，以假充真，用当地产品冒充品牌产品，产品过期了、变质了、腐烂了、发霉了还要销售，随意涨价或者降价，为了牟取更高的利益力劝顾客购买竞争品牌的产品等。如果厂家不能及时发现并予以制止，后果便不堪设想。

农产品生产企业必须加大对销售渠道的掌控力度。具体来讲，可以通过对经销商的培训向其灌输品牌意识和合作理念，加强业务人员的监督；加大对优秀经销商的激励力度和惩罚强度；加强同当地执法部门的公共关系，完善顾客投诉处理体系来掌控渠道，保护品牌。

七、防假打假，保质保量

打铁还须自身硬。农产品企业要实施品牌保护，必须从内部做起。不能因产品一时的销售不好而忽视品牌的打造，也不能因产品销售形势好而忽视品牌的维护。

要严格农产品质量检验，实行标准化管理。没有农业标准化管理，农产品的生产和加工就难以规范，质量的稳定性就得不到保证，无法形成较强的市场竞争力。要严格坚持标准化生产，制定和实施农产品产前、产中、产后各个环节的工艺流程和衡量标准，使生产过程规范化、系统化，符合国家或国际标准。要大力培育标准化管理的龙头企业，以名优产品为龙头，以资本运作为纽带，以集团经营为载体，推进农产品品牌化建设，加强品牌整合，不断扩大名牌农产品的生产规模和市场占有份额。加强品牌产品质量的监督，促使生产企业保证名牌农产品的优良品性，严厉打击假冒伪劣产品，保护品牌产品的合法权益。

第三章

打造爆款网红农产品的关键点

第一节 农产品消费心理——安全、新鲜、“土气”

老百姓购买水果、蔬菜、米面、肉蛋奶等农产品，最关心的三点就是：安全、新鲜、“土气”。

一、安全是农产品消费的第一关注点

农产品的消费心理，在20世纪70—80年代是“吃得饱”，到20世纪90年代是“吃得好”，到现在是吃得安全。安全是老百姓现在购买农产品时首要关注的问题，因为病从口入。

基于我国农产品质量安全状况，国家有关部门大力推进食品安全“三品”的认证，也就是无公害农产品、绿色食品和有机农产品。

目前全国无公害农产品、绿色食品、有机农产品和地理标志农产品的总数达12.1万个，跟踪抽检合格率到98%以上。一大批优质安全的农产品摆上了超市货架和百姓餐桌，更好地适应了城乡居民多元化、个性化的消

费需求。

农业巨头纷纷打“安全”牌。“产业链，好产品”，中粮集团给老百姓传达的是“产业链、好产品，安全品质、好生活”的健康理念。无独有偶，北京首都农业集团的广告语是“安心之选，首农集团”。无论是中粮的安全品质，还是首农的“安心之选”，关注的都是农产品安全问题。

二、新鲜是农产品，特别是鲜活农产品的基础

第一，新鲜是农产品营养价值的保证。

水果、蔬菜在采摘后，仍然是一个活体，是具有生命力的碳水化合物，具有易腐败、不易保存的特点，如不及时消费，一段时间后，就会腐败、变质，失去原有的营养价值。

第二，新鲜是农产品外观价值的直接表现。

老百姓买菜，无法从蔬菜的营养品质、卫生品质去判断，最直观的方式是外观，觉得水灵的蔬菜水果就是新鲜的，显得红润的肉就是新鲜的。因此，新鲜的程度直接决定老百姓是否购买。

第三，温度是农产品保鲜最重要的条件。

温度越适宜，产品的营养消耗越少，微生物繁殖越慢，保持新鲜品质的时间也越长。同时，温度变化越小，保鲜效果越好。所以保鲜贮藏要求一个相对稳定的低温条件，大多数农产品最适保鲜温度是0℃左右。

三、“土气”有助于提高农产品品质

（一）“土气”是农产品的本质

农产品的根本在于“农”，不同区域的水土、气候、周期生产出不同品种和品质的农产品。“橘生淮南则为橘，生于淮北则为枳”，说的就是同一品种，因为气温、气候、光照、土壤等方面存在差异，从而长出不同的果子。特别是区域特色农产品，靠的就是原产地，才独显价值。我们喜欢吃赣南的脐橙、新疆的苹果、五常的大米、焦作的铁棍山药等，就是这个道理。像日常的蔬菜、肉、鸡蛋等农产品虽然在各地都能生产，但是，在土里种的蔬菜和无土栽培靠营养液生长的蔬菜，品质显然不同。

究其根本原因，就在于千百年来，农产品的生产依附于“农”，只有以“农”的生产方式生产出来的农产品，才是真正符合农产品本来属性的产品。因此，“土气”才是农产品的本质。

（二）“土气”是老百姓认定农产品高品质的根本

如果说一个东西土里土气，似乎给人的印象不怎么好，但许多农产品却因为“土气”而大受欢迎，因为老百姓在心中很自然地把“土”和“原始”“生态”“天然”等现代生活消费的时尚元素联系起来。

在人们的固有观念里，在千百年传承的饮食文化的影响下，“土气”的农产品才是高品质的农产品，这种消费观念不是一朝一夕能改变的，也不是一个产品广告能改变的。只有生产出符合消费观念的农产品，才能占据消费者的心智，才能既卖得好又卖得贵。

我国名优特产品多，都可以注册原产地地理标志，从而保护区域性名优特产品。我国地形复杂，气候多样，不同区域独特的地质地貌和气候差异决定了不同地区农产品的品质特征。

据初步估算，全国目前有一定历史渊源和生产规模的地方名特优产品有2万种左右，平均每个县分布3~5种，其中具有一定知名度和美誉度的约占20%。如浙江省的西湖龙井、江西的赣南脐橙、湖南的湘莲、山东博山金银花等。

然而，还有部分地方政府、涉农协会和企业由于没有充分的知识产权意识，而没有申请地理标志产品来保护当地的名优特产品。截至2017年，国家质检总局通过公告对国内1700余种地理标志产品实施了专门保护。产品范围涉及特色农产品、葡萄酒、黄酒、茶叶、水果、花卉、工艺品、调味品、中药材、水产品、肉制品等，涉农地理标志产品超过1400种，产地范围涵盖全国。

第二节 商品化方法

农产品的商品化，是指对农产品进行的一系列维持和提高品质，实现产品增值，发挥最大使用价值的过程。

农产品的商品化处理，包括对农产品的采收、清洗、分级、加工、储藏等过程。农产品的商品化处理既有利于避免腐烂，减少浪费，又可保持农产品的品质。本节主要谈的是两种更深层次、商品化价值更高的方法。

一、深度分级，把单个农产品“剥开卖”

单个农产品也可以剥开卖。一般的产品分级是按形状、大小等分类，例如，水果按大小、外形等分级，牛、羊按部位不同价格分级等。但很少有人会想到，苹果像牛羊一样切开卖，苹果皮、外层肉、内层肉分开卖。更进一步，能否把苹果作为原料，粗加工成苹果食品，例如，苹果皮干、苹果肉干等。这主要看农产品是否会由于部位的不同而有不同的价值。

哪些农产品能剥开卖？从技术的层面来讲，所有的农产品都可以剥开卖，因为不同的部位都有不同的品质，从而产生不同的价值。但是，在实际操作中，注意两点：一是，剥开分级越少，价值越低，例如，前面讲的苹果，外层肉和内层肉各方面品质都差不多，把内外层肉剥开卖价值就不大。二是，剥开卖的各层都要有比较成熟的消费习惯，或者有特定的销售对象，这样才能让剥开卖的总价值比单个整卖的总价值高。

二、菜谱化，让农产品组合起来卖

一般情况下，农产品是按种类卖，消费者都是买各种菜，然后回家自己加工、配菜。所以，一般的农产品企业也是这样，卖蔬菜的专卖蔬菜，卖肉的专卖肉，很少有人把蔬菜和肉组合起来，变成一种商品，然后卖给客户。这样的做法就是农产品的菜谱化。

在快节奏生活的城市，时间是人们最大的成本，凡能节约时间的做法都是有很大价值的。把一家一户的分散化的净菜、切菜、配菜的劳动变成一种专业化、规模化的统一劳动，也是很有价值的。

第三节　差异化让消费者一下找到你

北京的大白菜和济南的大白菜表面没什么区别，超市的肉和菜市场的肉看上去也没什么区别，在老百姓的眼里，同一品类的农产品看似都一个样，而从事的行业人士也纷纷感叹农产品是同质化最严重的产品，没法差异化。

其实不然，影响农产品品质的因素很多，而这些因素都可以成为差异化的方向。农产品差异化最关键的是农产品从业人员要树立差异化的思维，在农产品普遍供过于求的情况下，找出自己的核心差异点，从而建立自己独特的竞争优势。

一、品种差异化

第一，品种是影响农产品品质最基本的因素。

为什么杂交水稻比一般的水稻亩产高许多，为什么白羽肉鸡比土鸡长得快？最关键的是因为品种的不同，也就是遗传基因不同。这其实很好理解，就像北方人身高普遍高于南方人一样，所以选择好品种是农产品品质最基本的一个环节。

第二，选择一个适合自己的品种。

同一品类的农产品有几十、几百个品种，各有各的特性。例如，常见的萝卜就可依据根形、根色、用途、生长期长短及栽培等情况分类，依根形可分为长、圆、扁圆、卵圆、纺锤、圆锥等形，依据皮色可分为红、绿、白、紫等色，依用途可分为菜用、水果及加工腌制等类，依生长期的长短可分为早熟、中熟及晚熟，在栽培上一般依收获季节分为冬萝卜、春萝卜、夏秋萝卜及四季萝卜四类。

对于农产品企业来说，首先，最重要的是经济效益。所以，农产品企业选择品种和其他消费品的产品不同，一般的消费品是从市场需求出发，然后通过价格战或者差异化去满足消费者的需求，而农产品首先要考虑的因素是种植养殖的成功率和经济效益。例如，水稻如果不适合当地，再有市场需求也不行。

其次，考虑市场的需求和竞争现状。一般的生活必需农产品已经实现了买卖全国，海南的豇豆卖到全国，广西的香蕉卖到全国，因此农产品企业要考虑不同品种，品种不同，产品品质也不同，这是竞争的一大法宝。

最后，如何创造一个属于你自己的品种。大家可能认为同样的白羽鸡你养，我也能养啊，所以，对农产品企业来说，创造一个属于自己的品种更重要。

一般来说，有以下两种创造属于自己品种的方法，第一个是自己育种，然后给这个品种起一个专属名字，如中国台湾一种新的菠萝品种就命名为“金钻凤梨”；第二个是把一个大家都用的品种起一个专属名字，如新西兰的奇异果其实就是我国的猕猴桃，神户牛肉本质上还是牛肉。创造新品种最关键是要注册相关的商标，保护自己的知识产权。

二、种植养殖方式差异化

第一，种植养殖方式不同，农产品的品质也不同。

可能很多人会有这样的疑惑：为什么现在的菜吃起来没以前香？原因有很多，最主要是因为以前农村自己家养鸡，是散养，平时都是鸡自己找虫子吃，再喂些稻谷，这样的鸡和鸡蛋吃起来和现在工厂化大规模养出来的鸡和鸡蛋味道当然相差很远。农产品企业家可以充分利用农产品的多样化种植养殖的特性，建立自己差异化的竞争优势。

第二，如何选择适合自己的种植养殖方式。

既然农村传统的种植养殖方式好，是否每家农产品企业都选择那样的种植养殖方式呢？其实也不尽然，适合自己的才是最好的。每一种方式有其优势，必有其劣势，例如，农村的散户自己种菜、自己养鸡属于自给自足的小农经济，难成规模，而且有些种植养殖方式还受生产资料和劳动力要素的约束，很难找到合适的、足够的生产要素，如土地、人工、生产资料等。

所以，农产品企业家考虑种植养殖方式的时候，不仅要考虑市场需求、和竞争对手的差异化、经济效益，还得考虑生产所需的生产要素。

三、消费者差异化

不同消费者对农产品的需求不同。前面我们已经谈过老百姓吃的目标已经由吃得饱到吃得好，再到吃得安全，而农产品的生产，已经由20世纪80年代的短缺到20世纪90年代的供求平衡，到现在的过剩。所以，现在老百姓对农产品就是挑着吃，换着吃，不停更换。这样，就给了农产品企业家一个机会，生产符合不同消费者以及同一消费者不同需求的产品。

农产品企业应该按照什么样的指标来细分消费者？一般情况下，大家可能想到的是按收入来细分，富裕阶层、中产阶层、普通百姓；或者按年龄来细分，老年人、中年人、青少年等。

对农产品，特别是高端农产品，按照特殊需求来细分更合适。什么是特殊需求呢？例如，家里有新生儿，母亲和婴儿对农产品的营养品质和卫生品质就有不同的需求；家里有“三高”老人，对于农产品的营养品质要求也不同。农产品企业先决定生产什么，然后与合适的消费群体匹配，把二者有机结合，才能让差异化策略产生高额的利润。

第四节 送礼就送网红农产品

“今年春节不收礼，收礼只收农产品。”想不到，脑白金的这句经典广告词竟然演变成了农产品的广告词。

一、农产品也能做“时尚礼品”

近年来，散养柴鸡、绿壳鸡蛋、有机大米、彩色甘薯、有机蔬菜等中国农产品越来越多地占据着超市的柜台，甚至被当作时尚礼品存放于城市的中产阶级和高收入者的阳台或厨房；许多农民也乐得合不上嘴，因为种养多少年的农作物或家禽，不知道怎么回事，价格一个劲地往上涨，不仅收入成倍地翻，就是拿出去送礼也倍儿有面子。

据有关部门预测，目前，我国礼品市场有超过 8000 亿元的市场空间，并且正以每年 20% 的速度保持增长。农产品作为礼品市场的新宠，正在悄悄地扩大着市场份额，分享着礼品市场的这块大蛋糕。

二、农产品完全具备礼品的特点

礼品，顾名思义，即送礼的物品。在现代人际交往中，礼物是人们往来的有效媒介之一，它像桥梁和纽带一样直接明显地传递着情感和信息，深沉地寄托着人们的情意，无言地表达着人与人之间的真诚关爱，久远地记载着人间的温暖。尤其在 21 世纪的今天，礼品越来越成为现代人际关系的重要媒介之一。

礼品作为特殊的产品，其产品特点与普通产品不同。营销大师菲利普·科特勒在《营销管理》中把产品分为 5 个层次，每个层次都增加了顾客更多的价值，它们构成顾客价值层级。它们依次为：

核心利益层：顾客真正购买的服务或需求；

基础产品层：产品的基本形式；

期望产品层：购买者购买产品时希望得到的属性；

附加产品层：增加的服务和利益；

潜在产品层：将来可能会实现或转换的利益。

作为礼品的产品，其使用者和购买者是割裂的，购买的需求和使用的需求是不对等的，购买者的需求不是产品的本身属性，而是赠送产品后得到的精神上的满足，而这种满足源于礼品接受者得到礼品后的反馈。因而在一般情况下，礼品的核心产品是无形而多样的，因购买者和接受者的不同而不同，包装特色、品牌质量、款式，甚至品牌精神或灵魂等都可以作为礼品的特点；礼品在基础产品的表现形式上也不是唯一的，可以表现为多种形态，构架在同一种利益基础上的产品形式也是繁复多样，形态各异；顾客购买礼品的真正需求往往在附加产品层或潜在产品层等延伸产品所带来的利益上，产品提供的不仅是使顾客满意，更重要的是令顾客愉悦，顾客购买的不仅是礼品本身，更是礼品赋予的某种意义。

根据以上礼品的特点，我们可以发现农产品完全具备礼品的特点：

第一，农产品的生产与普通商品一样具有价值和使用价值，作为礼品的农产品更是具有其独特的属性。农产品具有其他商品不具有的天然性，自然环境是它与其他工业商品最大的区别。在人们提倡回归自然的时候，农产品作为礼品有其特有的优势。

第二，特色农产品种植要求高，技术含量高，投入成本高，投资风险也较高，所以价格普遍偏高，具备中高档礼品的条件，可开发空间较大。

第三，农产品作为礼品大多数人都可以接受，它更多地使人想到日用消费品，更多地传达的是乡情和亲情。

第四，农产品作为食品类礼品，老少皆宜，价格适中，性价比高，送礼者容易承受，受礼者乐意接受；加之其种类繁多，选择空间范围大，只要送礼者酌情考虑收礼者的需求，都能找到契合点，满足双方的需求。

第五，农产品作为礼品受季节影响具有两面性。受季节影响大的表现为时令性，即时的农产品作为礼品更有价值和意义；深加工过的农产品或者干货不受时令的限制，随时可以相送，且能保持一定的消费时间。正所谓“新旧各不同，干湿两相宜”。

送礼是为人处世、融入社会不可缺少的社交形式，以一份浸透了感激与关怀的礼物向亲友、向尊长、向客户表达自己的情谊，对于个人和企业来说都是习以为常的事。从某种程度上说，礼品只是一种符号，随着社会生活内容的变化和扩展，那些实惠又体面的礼品，被赋予了追求个性化和时尚化的要求以及内涵，礼品经济的外延在不断扩大。尤其在我国，送礼的关键并非礼品本身，而是通过礼品的档次来表现自己对受礼者的重视程度。随着时代的进步，经济的发展，人们对礼品的需求越来越多，礼品业是一个蓬勃发展、潜力无限的行业。农产品利用自身优势拓展礼品市场，可以说是“风景这边独好”！

三、农产品走俏礼品市场的要领

并不是所有的农产品都可以成为礼品，换言之，只有具备如下条件的农产品才有可能成为礼品。

（一）农产品作为礼品，必须要有品牌，至少是区域名牌

现代社会，品牌对于产品是非常重要的，尤其对于农产品礼品而言。实践证明，优质农产品的品牌经营较一般无牌销售具有更高的售价和更大的销量，在礼品行业更是如此。在市场竞争日趋激烈的今天，离开形象良好的品牌，即使是优质农产品也难以顺利实现其价值。一位学者说过：“未来的市场营销是品牌互争长短的竞争，拥有市场

的唯一办法就是拥有占市场主导地位的品牌”。人们选择礼品要表达自己的一种感情和关系，而且要反映人们地位的被尊重程度，最原始的农产品已经远远不能满足人们的需要，而优质强势品牌刚好能满足人们的这个需要。打造强势品牌、提升品牌价值是发展农产品礼品的长远之道。脑白金的广告词“收礼只收脑白金”让其品牌在人们心中印象深刻，农产品也可以向其学习，使农产品礼品的形象在人们的脑子里留下印象，这样在人们选购礼品时才能有机会被选中。

（二）包装是农产品成为礼品极其重要的环节

中国是一个礼仪之邦，国人更讲究人的形象魅力，包装既是商品的脸面，也代表着购礼者和受礼者的脸面，人们通过产品包装来比较个人在社会中的价值，并通过商品的包装档次来判断自我在他人心目中的评价地位和传达的尊卑关系，包装此时确实真正成了“仪式性”的媒介而存在。农产品作为礼品更要注重包装。通过精选产品并改变传统包装的规格、尺寸、原材料、造型、色彩、宣传形式和内容等方法对产品进行塑造和传播。如牛奶论箱卖，苹果论个卖，纸箱变柳编、竹编、草编等，篓变盒等方式。实施这一策略的关键在于对消费心理的把握，对整体市场的包装要深入地比较研究，要能以新奇、别致、有趣、绿色制胜。

（三）地区特色和文化内涵是农产品成为礼品的必要条件

农产品作为礼品要突出产品特色。即有些地区因为独特的气候、植被、水土等原因使得当地一些农作物具有独有的味道、营养成分或者其他特色，把这种独特的东西包装后便成为其核心的卖点，如信阳毛尖、新郑大枣、山西陈醋。有些旅游者之所以到一个地方后要带一些地方特色产品给亲朋好友送去，并不是因为在其他地区没有或是买不到，而是这些产品具有当地的特别之处。打出文化牌，将历史上的传说或故事等赋予到产品中，增加产品的独特内涵和文化价值，使消费者在消费该产品时产生特殊的好感或者积极的联想，并乐于传播该产品的特点，如老婆饼、东坡肘子等。

（四）创新经营是农产品站稳礼品市场的充分条件

品牌依靠优质，优质来源于技术。现代技术的快速发展加快了品种优化过程。将技术及时地运用到产品上，就能转化为生产力，创造出财富。对农产品的食用功能和食用价值进行深度开发，在包装上进行深度设计；同时，在产品理念上进行挖掘，在品牌上进行合理推广，农产品照样能成为送礼佳品。国内某厂家对家禽进行深加工，推出"全鹅宴礼品装"，包括鹅肝酱、即食全鹅、鹅肥肝、鹅肝油、鹅血糕、鹅肉、鹅肝糕、鹅掌等熟食制品。虽然价格不菲，但产品一经推出就大受欢迎。运用之妙存乎一心。只要方法得当，不断创新，农产品也可以化"腐朽"为"神奇"，成为礼品市场的新宠。

（五）加强国际交流合作，引进并研发新品种，增加农产品的新颖性、独特性和稀缺性是农产品成为礼品的有利条件

由于各个国家、地区的地理、自然因素不同，物种也

不尽相同，特种蔬菜由此产生。在国外很平常的蔬菜在国内可能就很稀有，如包心生菜、西芹、牛蒡、绿菜花、紫甘蓝等。在 20 世纪 80 年代作为特种菜刚引入我国时，只有在各大宾馆、饭店、驻中国使馆、外国商社才能吃到。目前，特种菜已从专供走向百姓餐桌，其质量、档次不断提升，进而发展为高档礼品菜馈赠亲朋好友，已逐渐形成新的消费时尚和潮流。特别是我国加入世贸组织后，国际交往频繁，蔬菜多元化需求特征明显，市场容量巨大，为特种菜持续发展拓宽了渠道，提供了机遇，更为农产品成为礼品带来了更大的市场空间和机会。

（六）把握节日机会，推动农产品的礼品化

在这个礼品市场中，首先还是应以中国的传统节日为主，利用中国消费者强烈的亲情、友情观念来进行市场开发和销售，将公司产品与节日送礼相联系，增强以节日概念为主的事件营销及感情营销，以增大企业在节日市场上的销售业绩及利润额，但也不可使产品的节日味过于浓重，否则在节日之外便失去了整个市场。不少精明的现代菜老板瞅准了节前的礼品市场，把青翠欲滴的鲜嫩蔬菜精心包装后推向市场。

第五节　高端路线需要信任护航

从三聚氰胺到瘦肉精，从食品添加剂到农药残留，近年来，食品安全问题层出不穷，消费者在选择食品时，也更加注重食品的安全和健康，因而有机、绿色、无公害等高端农产品备受青睐。

一、高端农产品市场蓬勃发展

我国高收入、高消费人群的迅速崛起，形成了一个以中产富裕阶层为主的、规模可观的农产品高消费群体，在此背景下，高端农产品蕴藏的巨大价值迅速表现出来。

目前，高端农产品占农产品总消费比例为 1%~2%，巨大的市场潜力和利润空间吸引了无数投资者。如褚时健种橙子，柳传志卖蓝莓，刘强东种大米……其实他们都是不约而同地看重了高端农业的未来发展趋势。

我国高端农产品的市场扩容是不争的事实，但是，所遭遇的市场扩张阻力也显而易见。以有机食品为例，获得有机产品认证的企业有 4000 多家，而产值才 300 多亿元，这说明高端农产品并不容易进入高端消费市场。高端消费者认为高端农产品价高质不高，加上很多投机分子以次充好，这极大地影响了他们对高端农产品的信任。

二、高端农产品的品质体验策略

高端农产品不仅要有高品质，还要取得消费者的信任，这是高端农产品企业做大做强的必由之路。“眼见为实，耳听为证，口吃为准”，强有力的体验营销策略成为打动高端消费者的“撒手锏”。

（一）感性认知秒杀消费者

一般而言，消费者很难有专业的知识去判断农产品的品质好坏，这时候就需要企业通过外观的一些因素引导他们做出初步的判断。外观因素主要有形状、大小、颜色、气味、新鲜度、水分、成熟度等。

如何从农产品外观引导消费者，企业可以从两个方面着手：

1. 特色品种的农产品彰显高品质。在商超中，我们可以看见精心培育的特种蔬菜，例如，七色彩椒、栗子味的南瓜等，消费者单从品种上就知道是高品质的农产品。

2. 农产品的分级管理也可以从外观上体现高品质。山东的一家农产品公司将一根芹菜分 4 个等级，最外面一层不经过任何包装，每 500 克只卖 3 元，最贵的中间芹菜芽精包装，每 500 克 90 元。

好东西还得好包装，特别是对那些没有显著外观特征的农产品，更需要通过包装体现其高价值。例如，大米是一个从外观很难差异化的农产品，中国台湾好米却用包装玩出了高价值。“山水馨意”系列、“鲜活米礼盒系列”、“台湾好米婚庆系列”等，精美的外化包装体现了大米的高品质。

要获得高端消费者的认可，并让其持续购买，还必须从口感方面体现农产品的高品质。例如，美国“华盛顿”牌苹果的果农通过设计近 200 份食谱，将苹果的吃法延伸到休闲小吃、早餐西点、曲奇饼、甜点、主菜、低脂、色拉和汤、开胃小菜及调味酱料九大类别，这不仅丰富了苹果的口感，而且大大扩充了苹果的食用领域。

农产品，特别是生鲜农产品，最重要的品质之一就是要新鲜，而在超市购买的本地蔬菜至少是采摘 1~2 天以后的，外地蔬菜的时间可能就更久。现在北上广以及沿海城市流行的田间到餐桌的蔬菜直销模式，从采摘到餐桌最快 6 个小时，这种模式极大地满足了消费者对农产品新鲜的需求。

（二）理性认知更具说服力

量化对比可以让高端农产品的品质更加凸显。量化对比的方式既可以和同类产品对比，如产地的日照、湿度、土壤等方面的量化标准，也可以和不同类产品对比，如每 100 克金牙米的营养成分具体为多少，相当于一根小香蕉含量的多少。通过量化的指标对比，凸显产品的高品质，这样很容易被消费者接受。

“橘生淮南方为橘，淮北为枳”，产地决定品质，原产地能够强化产品的“土”气。同时，农产品的消费心理是“越土气越好”，所以强调产品的原产地和优势产地，能提升消费者对农产品的认可度。例如，新疆伊宁，号称塞外江南，更被誉为“苹果之乡”，新疆新纪元农牧业发展有限责任公司就利用这种产地优势，在东南沿海市场通过着重强化苹果的原产地概念，大大提升了苹果的附加值。

农产品的可追溯性可以给消费者提供透明的产品信息，提高消费者对农产品的信任。消费者可以根据产品信息做出选择，从而使农产品得到消费者的认可。以北大荒稻米质量追溯流程为例，北大荒米业集团有限公司自建可追溯产品质量的米店，米店内的信息系统包含从种植、加工、运输到销售全过程的所有信息，消费者通过系统都可以查询，这为消费者识别真假、放心购买提供了一个可靠的手段。

高端农产品的价格动辄是一般农产品的5~8倍，高价极大地阻碍了消费者的尝试购买，而价格体验能够降低消费者尝试购买的风险，主要分为两种形式：

1. 先免费食用，食用满意后付费购买

南京益洪生态养殖有限公司在居民小区修建蛋箱，公司不但保证鸡蛋新鲜，而且是先吃蛋后付钱模式，迎合了消费者的心理，把散养的柴鸡蛋送进了南京的10多万户人家。

2. 降价销售，降低消费者尝试的风险

青岛一家繁育基地采用会员制，消费满600元可以办会员卡，消费者凭卡可享受 7.5 折优惠，原来 40 元 500 克的肉，会员只需 30 元，公司不但拥有了一批稳定的客户，而且也扩大了消费群体。

（三）文化美誉提高附加值

农产品的命名能够提升其附加值。给农产品取一个吉祥的名字，无疑会满足消费者的情感需求，增加农产品的情感附加值。大连凯洋食品有限公司用十只不同种类的蟹，组成“十分感‘蟹’”礼盒，用意十分巧妙。

农产品有着几千年传承的历史，蕴含着丰富的文化，让消费者参与文化体验能够领悟其中的文化内涵。农产品文化体验包括地域文化、历史文化、饮食文化和产品文化四种类型。

（四）消费者参与，见证高价值

企业可以让消费者亲身参与农事活动，让其深刻体会高端农产品高价值的理由。企业可以采用全程观察体验的方式，让消费者见证农产品的高价值。

例如，丰宁缘天然乳业公司利用坝上草原的旅游风光优势，采用免费坝上旅游的方式，让消费者参观从育草到产奶的全过程，把一个很难用常规方法与普通牛奶区别的有机牛奶灌输进消费者脑中，从而发展了大量的忠诚会员。

除了基地参观以外，随着互联网技术的发展，消费者还可以在家实时监控农产品生产的全过程。北京视农网络有限公司采用原生态可视农场的模式，让消费者不需要去遥远的山区，就能在都市里种养自己喜欢的农产品，并随时监控。

参与特色农事节庆活动也是参与体验产品高价值的方式。特色农事节庆活动，是中国农产品传播的重要特色，例如，大兴西瓜节、赣南脐橙节、安吉白茶节、马家沟芹菜节等，通过行业论坛、产品推介、文娱表演、评选、生产过程体验、直接促销等一系列活动，完成了农产品销售和品牌形象的塑造。如果消费者参与这样的活动，便从感性和理性彻底被征服，从而成为这个产品的忠实消费者。

综上所述，高端农产品企业可以让消费者从感性认知和理性认知两个方面识别高端农产品的高品质，通过文化美誉提高农产品的附加值，通过让消费者亲身参与高端农产品的生产过程，认可其高价值。针对不同的高端农产品品类和不同生活形态的消费者，企业可以根据自己的资源和能力情况，选择性地对这些体验营销策略进行组合，以达到最佳的营销效果。

第六节　大众化扩大市场规模

一、为何大多数特色农产品都面临着“小众”消费的问题

特色农产品，关键在于一个“特”字，因为“特”别，所以一般情况下，消费群体也“特”别。不过，大多数特色农产品都处于“小众”的消费情况。原因如下：

第一，消费时机上的小众，只是礼品或者节日消费，例如土特产大多是买来作为礼品送人。

第二，消费人群有限，例如功能特色化，一种功能只能满足部分人的需要。

第三，购买季节的小众，只是在出产的当季消费者才能购买到，过了季节就没了。

第四，消费次数的小众，例如品种特色的农产品，大多人是为了尝鲜。

二、特色农产品怎样才能走向“大众”

特色农产品大多是高品质的农产品，至少与普通农产品相比，更具特色，也具备大众消费的高品质和价格。所以说，特色农产品无论从品质还是价格，都可以从“小众”走向“大众”，成为消费者日常购买的消费品。

特色农产品从“小众”走向“大众”的方法，根据其特色的不同，以及企业资源和能力不同，主要有三种：特色农产品开发大众品类产品、特色农产品走大众消费渠道、特色农产品即食化。

（一）用特色农产品开发出更多大众的品类产品

这是几乎所有特色农产品企业都能做的一件事。金银花可以做成饮料、水果可以做果汁、蔬菜可以做成果蔬片等。一个大众的消费品，自然就拥有大众的消费群体。

需要注意的是，大众消费品领域的竞争不仅仅是产品的竞争，也是企业营销综合实力的体现，产品力、渠道力、品牌力、促销力缺一不可，所以，在自己的小区域内，用特色农产品开发大众品类产品，成功的可能性比较大。原因如下：

第一，本区域的消费者比较了解本地区企业的产品特色，有基本的消费基础。

第二，一般一家企业在当地都有丰富的商业资源，不管是渠道资源还是经销商资源都是现成的。

第三，在本区域，企业更容易吸引到合适的营销人才。

特色农产品企业开发大众品类消费品，先在自己的区域做好，再逐步扩张，这是一条稳健发展之路。

（二）特色农产品走大众消费渠道

通过走大众消费渠道，促进大众消费者购买。因为有特色，所以很容易吸引大众消费者的首次购买，如何让大众消费者持续购买，这是新的问题。大众消费者首次购买后，发现产品还不错，就可能持续购买。例如，可通过促销、开发更适合消费者需要的食用方法等方式促使消费者持续购买。

（三）特色农产品即食化

喜欢吃菠萝的人，可能都会有这样的经历，每次走过削菠萝的摊位，总会买一块但很少买整个带回家，因为菠萝味道虽好但削起来太麻烦。很多农产品食用不便，限制了农产品的消费，特色农产品即食化，无疑是从“小众”走向“大众”的又一重要方法。

特色农产品即食化，不仅让消费者食用方便，节约消费者的时间，也增加了消费者消费的可能性，真正从“小众”走向“大众”。

第四章

“土味山货”的高端路线图

第一节 高端农产品正逢其时

在每一个消费品品类中，必有一两款高端产品的生长机会，农产品品牌已经进入高品质时代！

一、什么是农产品的高品质

高品质简言之就是高端化。在我们一日三餐离不了的农产品市场上，寻常品类中已经出现明显的高端化趋势，消费者的消费需求和企业的产品档次已经开始整体升级了。

这里说的高端产品，不是奢侈品，最多只能算类奢侈品。首先是吃喝的必需品，只是在品质上、在价格上明显高于普通产品，但是绝对不奢侈，其价格也一定是重度消费者在日常生活中反复购买、反复消费，能够承受得起，并且一定物有所值。真正奢侈品的价值远离实用价值，具有近乎纯粹炫耀性、礼品性的特征，农产品的高端产品与其有很大的不同。像 600 克 2200 元天价沉香榨菜不在我们所说的高端之列，因为它对企业只有象征意义，没有销售规模，也不是奢侈品，因为一碟小菜实在不具备奢侈品属性。

二、农产品做高端是现实和迫切的课题

做高端、走高端，是农业产业化领域做农产品品牌的现实和迫切的战略课题。

（一）农产品天生的弱差异导致竞争的高度同质化，企业需要高端产品实现差异

从产品本身来看，以农产品为源头非深加工的食品是天生的弱差异，导致竞争高度同质化，这时高端产品的市场机会将出现，企业可以通过高端产品实现差异。就像特仑苏、金典之于普通牛奶，德青源之于普通鸡蛋，佳沛奇异果之于猕猴桃。在每一个日常消费品品类中，必有一两款高端产品的生长机会。可惜，许多经营者对这个机会和趋势没有充分重视！走高端虽然难，但是在相当程度上可以摆脱同质化竞争。

（二）趋低营销已经无钱可赚、无路可走

中国很多企业只会做压成本拼低价的“趋低营销”。这种“没有最低只有更低”的趋低营销模式，走到一定程度就会无钱可赚。怎么办？一条路是继续向低走，采用所有想得到的一切手段降低成本，以更低的价格求得生存，于是掺杂使假大量出现。趋低营销是一条不归路，当企业用尽了合法的办法仍然无钱可赚时，就很可能采用非法的

坑人的办法。

另一条路虽然有难度，但却是光明和干净的。现在，恶性竞争终于使绝大多数有良知的企业明白了，趋低营销已经无路可走。要想赚干净的钱，必须迷途知返，改弦易辙，做价值、走高端、打品牌。

（三）经济转型与消费升级，市场呼唤高端产品

2017 年，我国人均 GDP 超过 9000 美元，恩格尔系数达到 29.3%，整个国家正在发生“由生存型社会向发展型社会，经济增长由数量型增长向质量型增长”双重转变，消费者消费能力大幅提高，消费开始升级。消费者在吃饱之后，追求吃得好、吃得健康、吃得安全、吃得体面甚至要吃出范儿，需求明显增长，这就是高端需求。

同样的恩格尔系数，中国人在吃的质量上一定显著高于外国，因为中国文化比较讲究吃，同样收入的富人，中国富人的吃所占支出比重一定比外国富人高。因此，中国农产品市场对高端产品的需求更旺盛一些。

（四）全面通胀，利润挤压，产品结构必须整体升级

在全面大幅通胀的环境下，上游原料价格大涨，企业利润被挤压殆尽，原来盈利的现在不盈利了，甚至亏损了。那么涨价就是必然的。如果你直接涨价，消费者有可能不买单。不涨价赔了钱，自负盈亏没人管。怎么办？打造高端产品，让产品整体升级，使产品组合有占量的、占位的、厚利的，逐步淘汰不赚钱产品，使企业回到正常经营状态中来。

（五）品牌增值也需要做高端

全世界的优质产品和强大品牌都是优质优价的，从奔驰到iPad，从依云到哈根达斯，从佳沛奇异果到日本金芽米，从茅台酒到东阿阿胶，从德青源鸡蛋到阳澄湖大闸蟹，从特仑苏牛奶到仲景香菇酱……因此，如果说我们的质量很好，一开始便宜卖，以后再逐步提高价格，这是不可能的。品牌产品一定是讲品质的，一定要价格反映价值，高端品牌在产品推出的时候一定要高价推出，坚持住，一旦建立新的品类，就能够建立非常强大的品牌。

日本产品以前在国际上也非常廉价，而今天很多日本的产品是非常昂贵的，但卖得非常好，比如雷克萨斯汽车、大米、牛肉等。中国的农产品市场从长期来看不能一味廉价——当你的产品很便宜，却告诉人家这是高质量的优质品时，消费者是很难信服的。

三、农产品“高端化发展”时代来了，能否抓住机会取决于企业家

世界著名趋势预见大师约翰·奈斯比特说：成功靠的不是解决问题，而是利用机会。

当我们的厨房餐桌上，“化学”饮料消失了，有毒食物匿迹了，出口内销标准一样了，企业都在争上游、向上走，争做有机、健康食品的时候，我们也许才可以欣慰地说，我们的农产品品牌是真正的品牌！我们的企业家身上

流淌着道德的血液！我们的企业是令人尊敬的企业！

做高端，是农业企业的必修课。有远见有胆识的企业家们，马上行动起来，从低端价格竞争的泥潭中解脱出来，做价值，做高端，做品牌！

第二节　避开三大误区

消费升级，成本增加，竞争加剧，不少农产品企业已经开始向高端市场挺进。但是，很多企业长期经营低端产品、拼价格，对高端市场认识不足，该做的没做，该舍的不舍，低价泥潭还没逃出来，又一脚踏进了高端误区。

一、为高端而高端，没有价值支撑

有企业认为做高端就是换包装、提价格，做做表面文章就可以成功。结果，10 万一盒的天价礼品蟹，600 克卖 2200 元的“沉香”榨菜（送银碗筷），市场反应冷淡，不仅没有得到消费者认可，反而引起不少反感。为什么会这样？因为消费者认为这种所谓的高端，只是在做表面文章，产品价值与价格严重不符，俗话说就是不值这个钱！

在消费者心中，高端产品除了本身的物质属性，还将具有更高品质、稀缺资源、文化传承，甚至生活格调等附加属性，如果不能让消费者对这些价值支撑产生认可和共鸣，一切高价都是“空中楼阁”。

娃哈哈爱迪生奶粉，本欲挺进高端市场，但其品牌背后的价值支撑是苍白的。国产企业给产品起了一个美国名称，贩卖北欧原料和加工技术，品牌形象与产品不统一不支撑，根本无法形成高端价值内涵。

二、低端资质养高端产品

一些企业在低端市场取得了成功，在做高端市场时，往往想继续使用原品牌、原渠道。可是，生产廉价产品的原品牌形象在消费者心目中已经确立，这对高端产品是一种负面力量。渠道也是同理，不同渠道的商品流向不同档次的终端，面向不同的顾客，高端产品进入低端市场，不仅不动销还影响了高端品牌的塑造。这就是高端产品受困于低端品牌和终端。

华润雪花一个品牌打天下，虽然造就了世界第一的单品销量，但也形成了品牌定位模糊的先天性劣势，高端形象营造困难，利润远低于青岛啤酒。

以社会各个行业的精英人物为目标受众的“论道·竹叶青”，坚持在“该卖的地方卖，不该卖的地方就是任何人出再多的钱也不卖”，依靠直销、专卖店以及机场、星级酒店等特殊渠道，闯出一条非同寻常的高端之路。

三、孤军深入，没有适宜的产品组合

企业刚开始发力做高端，需要聚焦资源，实现关键点突破，快速打造明星产品，占领市场地位。

在明星产品已经取得市场地位，并拥有相当的品牌声誉后，适时推出适当的产品组合，不但形成防护，保护高端产品，狙击对手，同时形成占利、占位、占量相互配合和映衬的全面布局。价格低的可能不太赚钱，但是能够占量占位；价格高的，可能销量不是最大，但是能够拉高形象，还能最大化地占有利润。适当的产品组合不仅能够保持企业盈利，更能稳固市场地位。

青海小西牛创新老酸奶品类，获得了极大的成功，但老酸奶之后，青海小西牛没有其他系列产品形成有效防御和支持，在众多企业尤其是大企业强势跟进下，市场很快被侵占。

高端品牌不是一蹴而就的，需要企业长时间的经营和培育。企业要摒弃低端市场上很多急功近利的做法，真真正正做产品、打市场，让品牌和企业赢得向上走的机会。

第三节　适合高端路线的农产品类别

走高端、做品牌、卖高价，是很多涉农企业的愿望，但这并不代表所有的企业和产品都适合去做高端。高端市场在哪里？哪些品类适合做高端？

一、消费已经升级，而现有产品高端缺位的产品品类

消费者在吃饱之后，开始追求高品质。这时，如果行业缺乏创新，没有真正的高端优质产品，无法满足已经提升的消费需求，这时做高端就恰当其时。每天都要吃的食品，米、油、肉、蛋、果、蔬等关系民生的日常食品，有大量的高端机会。

酱油行业早有海天、李锦记等品牌积极向高端市场推进，海天特级酱油系列产品，氨基酸态氮含量高达1.2g/100ml，远远高出国家标准氨基酸态氮≥ 0.8g/100ml的规定。

而老陈醋行业仍仅仅满足于国标要求，“勾兑门”之后，全行业竟然很难找出真正的酿造老陈醋，消费者想买一瓶真正的老陈醋却求之不得。

中国茶叶市场和传统茶饮料企业在低值低价低利润的漩涡苦苦挣扎之际，一款地道的纯茶饮品——本味大红袍横空出世。它取自于武夷山纯种大红袍，铝罐罐装，抽氧补氮，锁住茶香，无糖、无色素、无添加，一年四季，冷热皆宜，随时畅享纯正中国大红袍。本味大红袍让消费者真正品味到“茶的本味”，满足了追求品质和健康的中高端饮茶人群需求，虽然10元以上的零售价不菲，仍颇受欢迎，也为传统茶企的价值突围提供了借鉴。众多低值快消品类中的高端机会正在虚位以待。

牛肉市场需要高端产品。日本从1868年起，逐渐地把原本是普通耕田工具的“但马牛”培养成世界上顶级的食品之一“神户牛肉”。经营者对神户牛肉极其严苛的品种培养和控制，超级精细的标准化管理，绝对权威的商标注册监督，指定授权的出售方式与高价格定位，独特符号及视觉信息匹配表达，以及全球名人口碑效应，都值得中国企业研究学习。

粉条市场需要高端产品。现在市场上的粉条，包装粗陋，感观不一。粉条筋道不筋道吃了才知道，高端粉条应该是晶莹剔透，像挂面一样整齐划一，包装精美，而且在包装上标有耐煮度标识。

水果市场需要高端产品。我国水果种类众多，但是，绝大多数还在散装“裸奔”中，有品牌、能作为高端产品出售的寥寥无几，一个进口佳沛奇异果价格贵过500克猕猴桃。

……

市场上充满了机会，缺少的是发现机会的眼睛。

二、行业持续走低，高端机会呈现的品类

行业呈现竞争白热化，整个行业一直在往低走：低成本、低价格、低品质，企业利润越来越薄，经营手段越来越变态，消费者对行业越来越不信任，这时候做高端正当时。

在趋低的市场环境下做高端，跳出低价竞争泥潭，逆势而为，不仅让竞争实现了差异化，而且高端产品成为企业生存和利润的保障。

蒙牛看到了乳业严重同质化，利润大幅下滑的局面，于是，将路标指向了液态奶的高端，特仑苏一举成功。

三、原料或者品种相对稀缺、珍贵，具有不可复制地域特色的品种

像橄榄油、蓝莓、冬虫夏草、金华火腿和多年火爆的阳澄湖大闸蟹等许多地方特产，原料或者品种相对稀缺、珍贵，具有不可复制地域特色的品种，适合培育高端品牌。

一些特色农产品，因其在品种资源上的稀有或独占，也非常适合做高端。如：七色彩椒、栗味南瓜、香蕉味西

葫芦、紫甘薯等。

由于原来中国人的需求是只求吃饱，这些小品类、中品类长期受到冷落，如今因为原料有限，几乎全部成了“香饽饽”，以高端产品的新面目出现在厨房餐桌上。

地方特产、地域名品相对稀缺、珍贵，具有做高端的先天优势基因，为其溢价做高端奠定了价值基础。站在地方特产地域名品肩膀之上打造高端品牌，更易成功。

第四节 农产品高端化策略

没有人能随随便便成功。高端品牌也是一样，不是喊高端就高端，一提价就高端。高端品牌必须有内在价值的支撑和外在形象的塑造。

一、高端品牌的价值基因

独特的品牌基因是一个高端品牌的根基。

（一）原产地价值基因

一方水土养一方名品，消费者对于农产品的地域性优势非常认可。如果能够将这种独特的产地优势转变为品牌价值主张，将大大提高品牌高度和产品溢价能力。

农夫山泉把“千岛湖”优质水源地价值成功植入消费者心智，成为“天然水”和“健康好水”的代名词，以至于在其他水源地生产的水，消费者也统统认账照样买单。

（二）软文化价值基因

文化是最独特、最体现差异、最难以替代的东西。

20世纪初，美国南部一个叫潘帕的小镇，12岁的杰米每周都要去14千米外的寄宿学校上学。爱子心切的杰米母亲担心儿子在学校的营养问题，每周杰米回家时，她总要烤制大量的牛肉让儿子带到学校去，这样能够吃上一周。经过不断实践，她选用上好牛肉，加上黑胡椒等配料，经过调配、风干以后，再用樱桃木枝精心烘烤……这样的牛肉，肉质紧实而有韧劲，味道浓郁而鲜美，也让杰米成为全校最受欢迎的学生，孩子们把它称为"母亲的牛肉"。养生堂通过巧妙手段借势美国"母亲的牛肉"文化基因，成功在牛肉干品类植入文化基因，打造出"母亲牛肉棒"。

一提起高端水，众人皆知依云。那句"阿尔卑斯山的雨水流到依云变成了高品质矿泉水，流到日内瓦和洛桑却什么都不是"让人铭记不忘，其背后许多传奇的故事，让依云成了高端矿泉水的代表。

（三）高标准价值基因

很多产品从原料加工为成品，差异点并不明显，消费者也无从感知。做品牌的最高境界是做标准，高标准严要求才能树立高品质。

传统上认为"好东西才能出口"，因此，出口资格也是高价值的有力支撑。外销企业有完善的生产基地、先进的生产技术、严格的品质控制、领先的质量标准，这些因素都能帮助企业和产品取得消费者的高度信任，可以快速在消费者心中竖起高端印象。

国联水产是中国出口型企业的典型代表，在向内销转型时，它充分运用出口的高标准基因，打开国内市场。

（四）安全健康价值基因

肯德基安心油条何以敢卖4.5元一根？“修炼”安全和健康的“内功”，让消费者食用放心，是高价油条背后的王牌！

中国的粉条市场，缺乏品牌意识、行业标准，散包装低价格，质量问题层出不穷。河北香道食品有限公司大打安全牌，以食品安全为利基点，只选第一道红薯原浆，全程经过原生态用料、精细化筛选、标准化生产、严格检测的全优工艺链，四重安心保障，成功树立行业标杆。

加州杏仁商会不仅传播大杏仁（巴旦木）的美味和营养，更在血糖健康上做足文章。在中国召开“美国大杏仁糖尿病研究成果发布会”，推广“优选健康零食，帮助控制血糖”的理念，提倡“食用含有美国大杏仁的健康早餐，使身体能够全天保持较低的血糖水平，并减少患糖尿病和糖尿病前期病症的风险”。美国大杏仁成为中国消费者认可的高端健康零食。

（五）独特工艺价值基因

百年老店为什么经久不衰？王致和的臭豆腐为啥就比别人的“香”？其中很重要的因素就是特殊工艺。因此，如果将“特殊工艺”牢牢掌握在自己手中，也将成为高端的价值主张。

二、高端品牌的气质和形象

高端品牌的打造必须内外兼修。就像一个人，有修养和内涵，还要有令人喜欢的气质和恰当体现身份的服饰。

消费者是从外而内了解品牌的，因此，高端形象的打造极为重要，正所谓入眼才能入心。就像茶叶中的竹叶青，高雅、纯洁、有气节的君子形象，充满了生命力。当这些高端品牌以卓尔不群的形象配以合适的价格出现在人们面前，就有更大的机会打动消费者。

高端农产品品牌的形象是如何打造的呢？要研究品牌内涵、消费者价值取向，同时兼顾形象所传达出来的档次和规范。

（一）要彰显独特的品牌调性

品牌调性是在品牌定位下，结合消费者的心智而设定的品牌看法或感觉。

竹叶青摒弃了一般茶叶在口味、地域等物质层面的表现，而依据品类独占化的优势将“竹叶青，平常心”的哲学理念融入品牌，确定了“自然、平和、睿智”的品牌调性。

在品牌精神的倡导下，竹叶青的形象追求内敛流畅，清雅修长。主视觉以青绿色为品牌主色，一种品茶时闲适、放松、自然的状态跃然于眼前。在店面装饰上，竹叶青也遵循着古色古香的设计风格，消费者置身其中，深深地感受到中国高端茶品牌的品位与高雅。

（二）打造专属的视觉符号

一个高端的品牌形象，往往伴随着一个伟大的符号。

（三）推广高端形象

推广高端品牌形象，就是要使高端品牌形象规范化和规模化。只有让消费者形成重复、多次记忆，才能使高端品牌形象落户到消费者心里。

核心符号规范化：好符号需要规范应用，涉及标准图形、标准色彩、应用环境、应用材质等范畴。只有符号的规范化应用，才能始终一致地传递品牌内涵与主张。

核心符号规模化：高端品牌是给所有人看的，给少数人用的，所以，既要影响大众人群，也要辐射使用人群，要有规模地应用。

品牌高端形象力就是品质和销售的保证。谁的品牌价值足，谁的品牌形象好，谁的品牌就能获得更高的溢价，就能吸引更多的高端消费者。

三、高端品牌的渠道和终端

近几年来，很多食品、快速消费品企业都推出了自己的高端品牌，但是很多企业的高端品牌在市场上并没有取得理想的业绩，总结原因，不乏在渠道决策上的失误。

一是渠道的构建有高度没宽度，有形象没影响，渠道不对或者渠道太窄，曲高和寡无销量；二是由于过分功利的想法，想快速上量，渠道选择过于低端和宽泛，渠道和终端拉低了产品档次和产品形象，产品档次与渠道终端相冲突，期望的销量没有上来，形象却一败涂地。

大量实践证明，高端品牌在渠道和终端上有三大基本原则必须遵守。

（一）创建适量高端渠道，确立高端形象

高端形象渠道是市场中本身存在的价值渠道，是一种

品质和品位的象征。高端产品的渠道开拓应该从高端渠道入手，创建适量高端渠道，以确立高端品牌形象，为日后的市场开拓奠定品牌形象基调。

像论道·竹叶青的销售渠道为直销、专卖店以及机场、星级酒店等特殊渠道，以低调的传播尽显奢华，以特殊渠道制胜高端市场。

5100 西藏冰川矿泉水上市之初，正值中国动车及高铁事业蓬勃发展期，动车及高铁代表了仅次于航空的高端运输消费，因此，5100 西藏冰川矿泉水迅速将动车及高铁锁定为企业的高端形象渠道，一下子在商务高端人士中形成了良好的品牌口碑。

另外，网络渠道的开辟，以及 OTO（线上线下互动）模式的建立也至关重要。

（二）适时分步开拓大众渠道，扩大销量

适时适度和分步开拓大众渠道，做大众渠道里的高端，扩大销量。

传统大众渠道如家乐福、沃尔玛、永辉等大型连锁卖场，7-11、全家、良友等便利店，以及通过批发渠道广泛覆盖的街边小商店、小饭馆等，这些渠道与高端形象渠道相比，在形象上稍逊风骚。但是因为农副食品、快速消费品企业推出的高端品牌并不是奢侈品，就像特仑苏之于普通牛奶，虽然价格比普通产品贵出几倍，但还在大众消费的可承受范围之内。所以，在高端品牌的定位建立之后，传统大众渠道也要适时适度和分步地开拓，这样，才能为企业创造更多的销售空间。

现在特仑苏在一些小卖店里也能买得到，获得了销量，同时并不会影响已经形成的高端定位。

（三）促销有度，包装有样，体验为上

无论什么终端，高端品牌追求销量不能以损毁形象为代价。不然，用不了多久，失去高端品牌形象的同时，也会失去品牌溢价能力，如釜底抽薪，销售失去了动力。

高端之所以为高端，内在于品质档次，外在于品位形象，一以贯之。就终端来讲，以下三点甚为关键：

1. 终端促销有度

农产品企业推出的高端品牌，为推动消费者尝试，促销必不可少。但是高端品牌做促销，要掌握好尺度。首先不能过于频繁，而主要在重大节日主打送礼，因为高端产品具有天然的礼品属性。其次是优惠力度不可过大，尤其忌讳降价销售，可以采用特色赠品或特色服务的形式回馈顾客。如伊利金典牛奶在 2008 年奥运前夕，开展买一箱送一个福娃的促销活动，获得消费者认同。

2. 终端包装有样

“白沙在涅，与之俱黑。”高端品牌在零售终端面临复杂的销售环境，稍有不慎，就会被周围的中低端产品拉低气质。因此，在终端创建品牌形象时，开展规模化的形象包装工程，达到“鹤立鸡群”的效果，是高端品牌在零售终端保持其高端形象的必要手段。

3. 精品终端体验为上

终端不再简简单单的只是销售的载体，已经成为品牌宣传的全新媒体。如果说广告传播是企业向消费者发出的

“情书”，那么终端则是品牌、产品与消费者的“第一次邂逅”。“情书”可能让消费者心动，但不能让所有收到“情书”的人都形成购买。而在“约会地点”——终端，消费者可以真切体验品牌和产品，全面感觉产品的价值，形成购买。

高端农产品价格动不动就是一般农产品的好几倍，怎么办？让尝试的风险降低到零！终端，是消费者体验的场所，是决定交易成败的“临门一脚”的地方，所以，建立精品终端，让消费者好好体验高端产品，让营销从体验开始。

四、高端品牌的传播技巧

（一）在传播内容上，彰显价值和对价值的信任是第一要义

与普通产品在传播上不同的是，高端产品要着力提升消费者对品牌的信任度！高端产品传播的重点是诉求更多的价值和对价值的信任，这是高端产品营销传播的第一要义。

高端产品之所以与普通产品不同，是因为产品和品牌价值明显高于普通产品，能够给消费者带来更多物质的有形价值，包括营养、健康、安全等，还能够给消费者带来更多的升华了的无形价值，包括身份感、品位，以及历史、文化、情感和快乐的体验等。

依云的高端与它传奇般的品牌故事分不开：1789 年，法国大革命时期，一位患有肾结石的法国贵族为躲避风险，逃到了湖畔的一个小村庄，停下喝水解渴。他发现清

水宜人、非常可口，于是，他决定在这里安顿下来。结果不但保住了性命，更神奇地治好了他的肾病，依云水从此声名远播。拿破仑三世及其皇后对依云镇的矿泉水情有独钟，翻开辞典，将一个拉丁文单词“EVIAN”赐给该镇作地名。EVIAN 的本意就是“水”，依云水由此得名。

（二）在传播形式上，大众中有针对，通俗中显高雅

由于高端产品的营销传播对象不是全体大众，同时传播的产品又是人人能吃能喝的农产品，因此，在传播形式上，需大众中有针对，通俗中显高雅。

1. 注重口碑传播

因为有普通产品作衬托，高端产品不是所有人的生活必需品，因此，高端产品必须更加重视建立在高品质基础上的口碑传播。如果消费者尝试购买一次就让他失望，他将义无反顾地转向普通产品。

口碑，是人类最原始的广告，在企业进行铺天盖地广告宣传的今天，口碑传播是高端产品的专属媒体。星巴克从来不做广告，但是通过众口相传，星巴克成为时尚咖啡馆的代名词。

在互联网发达的今天，口碑传播早已不限于口口相传，口碑通过新的媒介包括搜索引擎、博客、微博、微信、直播等媒介，其传播速度和范围爆炸式地扩大。农产品企业要善于利用这些超级媒介，对“口碑传播”像对待广告投放一样有专人进行管理，使口碑成为品牌腾飞的助推器。

中国高端鸡蛋品牌德青源发起的“鸡蛋拜物教”美厨

教主网络选拔赛活动，将美食达人的目光聚焦在小小的鸡蛋上。消息一经官方微博公布，立即引爆了网友的关注和参与热情。网友们纷纷拿出独门绝技，美味诱人的鸡蛋蒸肉圆、独具风味的日式蛋烧、营养美味的蚝汁百花酿黄金蛋……一道又一道美味佳肴在民间厨神手中变幻出来。选拔赛不仅全面满足了广大厨艺爱好者对于厨艺资讯即时获取和互动分享的需求，也为美食爱好者带来了一场别开生面的视觉味觉双重盛宴。同时选拔赛生动诠释了饮食文化的新概念：既要美味，也要健康。

2. 适宜更多采用公关软性传播

硬广告由于它的闯入性，是制造知名度的好办法，但不容易使品牌的美誉深入人心。因此，高端产品要多多使用公关、新闻等软性传播。

比如与生活时尚类的媒体合作，创建自己的品牌刊物，线上传播和线下传播互动，高端与高端跨界合作联合推广，用艺术装点优雅和高贵，建立“圈子”互动。这些都是软性传播的好办法。

譬如某水产养殖企业开展的极品海参上市发布会、慈善拍卖会，与当地海参商会联合举办中国海珍品原产地营销论坛，以及海珍品鉴晚宴，都有极高的新闻曝光率。新华网、人民网、新浪网、中国证券报等有影响力的网站、报刊都在第一时间进行了报道。这是对海产品品牌的一次大传播大升级。

美国加州杏仁商会用几十年的时间，将小小的杏仁，做成了一个全球大产业，其主要的推广手段便是软公关传播。2005 年，美国农业部在“膳食金字塔”中加入了美国大杏仁，以作为人们基本膳食的组成部分。商会甚至还对美国大杏仁做过中餐菜式开发，编制烹饪学校课程，出版《杏仁食谱》，举办杏仁烹饪比赛和健康饮食研讨会。

上海世博会期间，他们更借势推出“美国大杏仁：健康零食，让生活更美好”的主题活动，发布健康零食新趋势，向大众展示，美国大杏仁作为一种美味、营养的零食，能为人们带来健康、愉悦的生活方式。

3. 适度大众传播，注意媒体档次

知名度是任何品牌产生溢价的基础，高端品牌不等于不能采用大众传播媒体，但要注意适度传播和所使用媒体的档次。媒体的权威性和影响力，在相当程度上标志着品牌的档次和形象，就像上央视与上县级电视台完全不能同日而语一样。

竹叶青茶只选央视和高端商务类杂志做广告，高端品牌确实需要端起这种“架子”。在广告内容上要品牌化，讲究“腔调”，不能低俗。

第五章

爆款网红农产品设计流程

第一节 战略定位，瞄准未来

战略定位就是具有攻击性的市场准定位，如果你打算打开市场，需要一个核心定位，就是全局的中心。

大多数农业产业化企业在基地耕耘初期，想得最多的是如何把基地规模做到最大，重点抓的是生产——养殖、种植的数量和质量，急的是马上生产马上上市。等到产品生产出来了，遇到销售不畅，才回过头来考虑战略策略问题，结果浪费了大量资源，耽误了宝贵的时间和机会。

搞基地、抓生产与做市场、做营销需要采取完全不同的指导思想和管理模式。此时如果企业没有清晰的市场化战略，往往会陷入“胸怀壮志、入市无门”的尴尬境地。因此，农业产业化企业要做市场、树品牌，首要的工作就是制定市场化的企业发展战略，定位准确。

一、目标要高远

新产品的市场战略布局，胸怀要大，目标要远。

可以采取“双轮驱动”模式，即“全国招商建网+根据地市场打造”。

通过全国招商建网，能够在相对短的时间内实现新品全国布点，在更大范围内快速抢占市场先机，保证市场的基本面呈现良好的发展态势；通过打造根据地市场，使之成为支持企业长远发展的战略基地！又快又好的完美结合，实现全国市场的良性循环发展。

气度决定格局，心胸决定舞台！不谋万世者，不足谋一时，不谋全局者，不足谋一域！没有大梦想，就没有大未来！

做市场树品牌，在战略上一定要高瞻远瞩，不能因为自己还是区域性小企业，就在思维上画地为牢，故步自封。眼光一定要高远，要面向全国市场，谋划整个市场的战略布局，抢占市场先机。

在现代市场竞争环境下，资讯传播异常迅速，科学技术日新月异，使得跟风模仿有可能迅速成为现实。因此，市场机会显得异常宝贵，一个独具优势的产品推出市场后，必须迅速在全国谋划布局，只有这样，才能在更大范围内抢占市场先机！

燕京集团发现酸梅汤这个北京百年传统饮品具有绝佳的市场机遇和超乎想象的市场空间，于是在北京市政府帮助下，与故宫博物院紧密合作，搜集、整理了宫廷御茶房主方（原九龙斋酸梅汤配方），推出了“九龙斋”酸梅汤，在北京一上市，即赢得一片叫好之声！

但是，燕京集团在市场布局和推进上却过于保守，没有充分利用燕京集团强大的分销力使之在全国铺开。结果不出半年，康师傅酸梅汤就上市了，不仅在九龙斋的大本营北京抢占了不小的市场份额，而且凭借康师傅强大的渠道分销力，使之迅速走出北京，在全国开花。更要命的是，康师傅以其极高的品牌知名度，使很多区域市场的消费者认为康师傅酸梅汤才是首创的酸梅汤品牌！

二、眼光要独到

在农业产业化领域，有很多品类尚属空白，在消费者的餐桌上，很多品类还缺乏老大。谁能独具慧眼，率先发现市场机会，以品牌代表新品类，以品牌抢占品类老大，就能够在未来的市场竞争中获得先发优势。

贵州等众多地域的南方人喜辣，陶碧华老干妈辣椒酱横空出世，成为南味辣酱的代表，一年销售额达 40 多亿元。

仲景香菇酱的创造者朱新成正是这样想和做的。他的灵感来自方便面中的酱包。当“世界上还没人想到利用香菇发酵做酱”时，他开始用做豆豉的方法研制香菇酱，并一举成功，扛起营养佐餐的大旗，从战略定位上与老干妈建立鲜明差异，平起平坐。

农产品中的很多品类都蕴藏着建立老大品牌的战略性机遇，企业一定要敢想敢做，以品类或行业老大为自己的目标和出发点，进行资源整合和配置，相信一定能够收获意想不到的惊喜。

第二节　选择品牌构架模式

农业产业化企业与工业化企业最大的不同就是，以同一种原料为开端，能够向市场输出很多种类型产品。以火龙果为例，可以鲜果销售，也可以开发火龙果酒，还可以推出火龙果果汁饮料，还能开发美容化妆品和保健品（酵素）等等。

正是这种众多可开发产品的方向，让许多农业产业化企业在战略路径的选择上迷失了。最常见的病症就是一下子向市场推出好几类产品，但几年下来，各个产品都“营养不良”，单品销售不大，投入产出比失衡，市场地位不稳，企业总规模小得可怜。

取得市场地位是最大的成功，成功才是最大的节约！公牛只做插座和开关，但是丝毫不影响它巨大的成功！

如何确保成功呢？在产品与品牌发展上可以采取的模式是：从明星产品的“1 托 1”到企业品牌的“1 托 N”。

1 托 1：是指集中资源、聚焦发力，首先打造出 1 个在全国有影响力的明星产品，通过这个明星产品的“1”，将企业品牌的“1”塑造起来。

1托N：当企业品牌因其明星产品有了一定的知名度和影响力之后，这时企业就成为可信赖的品牌，通过企业这个母品牌的“1”，托起“N”个产品或者品牌的快速拓展！

对农业产业化企业来说，首先集中资源打造明星单品，是最快捷、最省力的发展路径，然后从“优生优育”到“多子多福”，最终家大业大，“子贵母荣”。

可口可乐在创始的前50多年里，一直聚焦于可乐品类（在前期甚至聚焦于经典玻璃瓶），直到20世纪50年代才推出了第二个品牌“芬达”。

宝洁公司第一款成功产品是“象牙”皂，40多年一直聚焦这一个产品。直到1926年，宝洁才推出第二个产品Camay香皂。又过了20年，全美第一个洗衣粉品牌“汰渍”才诞生。

不要把伟大企业的现在当作它的昨天，以为它昨天就是这样。没有企业天生就是大企业，大企业都是从小企业成长起来的。当你还很弱小时，企业成长转换的关键只有一个，就是聚焦。聚焦！聚焦！再聚焦！聚焦和专一，打造明星单品，以单品树立专业形象，从专做到强，从强做到大，这是唯一正确的道路。越是弱小越要聚焦，竞争度越高越要聚焦！

企业的人、财、物资源总是相对有限的，摊子铺得过大，什么都想做，遍地开花，最终什么都做不好。开发十个营养不良产品，不如集中资源，聚焦发力，先努力打造一个明星产品。“优生优育”才能快速树立品牌。

娃哈哈在儿童营养口服液、AD钙奶成功后，凭借母品牌强大的实力，每年集中资源打造一个单品，瓶装水、非常可乐、营养快线、爽歪歪、乳娃娃等，不停爆发，使娃哈哈成为中国饮料行业的巨无霸。

目前最适合我国农产品企业的品牌构架模式有两种。

一、单一品牌模式

使用一个品牌涵盖多个农产品品类。这种品牌策略的优势是一个明星产品崛起后，同一品牌下的不同产品也能借势。优势是资源集中，操作简单，先期市场导入时迅速省力；劣势是单一品牌很难同时在不同品类的细分市场同时占据领先位置，最终只可能成为一个或几个品类市场的领先品牌。康师傅是典型的单一品牌模式。

二、多品牌模式

即企业在不同的产品品类中分别使用不同的品牌运作。相对单一品牌策略，多品牌策略的主要优势是能够在每一个细分市场建立清晰的品牌形象，充分做大每一个细分市场的规模；这种品牌策略的主要劣势就是传播费用相对较高，但是一旦成功，后期市场效果比单一品牌模式更具能量。农夫山泉（养生堂）是典型的多品牌模式。

单一品牌模式和多品牌模式本身没有优劣之分，农产品企业可根据自身的情况和特点决定采用适合自己企业发展的品牌策略。

第三节 创建营销队伍

许多农业企业等到面对市场时，才蓦然发现自己原来是“三无”企业：无品牌、无渠道、无专业营销队伍。这个现状与农业企业老板多生产、技术出身，有重视产品研发和生产情结，认为市场营销与“技术含量”无关，他们没有太强的市场概念，不能充分理解市场营销对销售的重要性。打市场，品牌、渠道与营销队伍一个都不能少，这是一个市场化企业必备的资源和能力，必须加快弥补。

一个普遍的不当做法是，让技术和生产人员做销售。

销售队伍缺员，临时招人，招不到合适的，只好到生产部门“拉壮丁”，把一些前期负责技术或生产的人员拉到销售队伍中来。这种做法是不足取的。

随意“拉壮丁”产生的后果，一是用非所长，队伍市场战斗力十分疲弱；二是没有领军人，这样的杂牌销售队伍像一群无头狼的狼，最终难以锤炼成一支特别能战斗、特别能打胜仗的队伍。

创建营销队伍可以用以下“24 字箴言”：

一、举大旗，引大将

“用兵先选帅”，要建设一支能征善战的销售队伍，选好带兵的“将帅”是企业家首先要解决的问题，其重要性不亚于基地和厂房的建设。三国时期刘备得诸葛亮相助，实现三分天下有其一；西汉刘邦有韩信加盟，才实现了统一霸业。销售队伍特别需要一个实战经验丰富、善于管理团队、能带兵打仗、让团队信服的销售统帅，有了这个“头狼”，整个销售队伍就会少走弯路、节省摸索时间，团队的专业素质和作战能力会快速提升。

二、布大局，搭架构

将帅到位，接着就要根据企业的产品结构、市场布局来构建队伍的组织架构，设置关键岗位，招聘核心骨干，如销售总监、大区经理、市场经理、大客户经理等，搭起企业的销售机构骨架，明确职能，分解任务。

这个时期，重在布局，队伍不要多而全，关键是精干，一个萝卜一个坑，人人能独当一面。以后，随着业务的深入，逐步招聘一些重点区域的业务员，以配合市场开拓和经销商维护工作。

三、育精兵，强则将

在“赛马”中“相马”。发现优秀的基层销售人员要重点培养和提拔，当企业要开疆拓土时，新开发区域的销售主管和经理将从他们中间产生。让他们在企业发展中成为中层骨干，这样有利于中层队伍的稳定。

中国企业经营的经验证明：企业中坚力量靠“空降”是靠不住的！中坚力量一定要有自己的“子弟兵”作坚强的后盾。

四、大兵团，逐步上

即使做全国市场，企业销售队伍建设也是有步骤递次推进的，不能“一哄而上”，要根据企业发展的需要，根据营销目标的需要，逐步进人，逐渐充实，做到有提拔有淘汰，吐故纳新才有活力。

企业需要有专业的人力资源总监，对人才的储备、引进、考核、激励进行完善的管理，为企业的营销做好人才服务工作。

第四节　开发销售渠道

在渠道建设上，农产品企业主要通过三种招商手段来实现销售网络的初步建设：一是通过农业或食品业的展会招商；二是通过专业的刊物、网上媒介招商；三是通过销售人员市场调研、摸排招商。这三种手段，基本上能保证企业初步构建自己的销售网络。但在建设长久稳固的渠道网络上，企业还要注意以下三方面问题。

一、避开四大误区

误区一：覆盖面越广越好，数量越多越好。

追求渠道网络大而全是目前企业的普遍心理。一些企业领导人脱离实际，一味追求“渠道网络覆盖面越广越好，经销商数量越多越好”，结果经销商对服务不到位产生怨言，出现乱价、各区域相互窜货等不良后果。

条件不具备而强行进入一个市场，可能开拓不了市场，白白损耗企业资源，甚至给企业日后（资源具备时）

开拓市场制造障碍，影响品牌声誉。

对于销售刚起步的企业，构建渠道网络时应坚持先区域后大区再全国，先区域精耕做深度，再谋求覆盖面做广度。

误区二：经销实力越大越好，选好经销商，就高枕无忧了。

经销商实力强，销的就会多，从通常的角度讲这是对的，但企业不一样，情况就不一样。一是新企业的新产品往往不被经销商重视，不被主推，只是捎带着卖卖；二是经销商实力强，对企业的“要价”就会高，满足他吧，成本大增，不满足吧，他不会用力；三是实力强的经销商被竞争对手关注的程度也会高，企业动向信息容易泄露，还容易被竞争对手挖墙脚。

因此，选经销商，实力不是唯一重要的因素，还要看其对产品和企业的重视程度、生意定位（是否主推）、合作诚意、商业信誉。适合的才是最好的！另外，不能过于依赖经销商，不要认为选好经销商就高枕无忧了。要加强对经销商的服务、支持、督导、维护，帮助经销商实现共同制定的销售目标。

误区三：渠道政策越优惠越好。

在商品极大丰富的今天，很多商品间存在极大的可替代性，企业为了抢夺用户，渠道政策越来越优惠。但是，实际情况并不是越优惠越好。

第一，不求最优，但求合理；第二，有给予必有条件，给予的条件与获得的回报要关联，实现正向促进；第三，少返利，多给市场支持（如广告投入）；第四，同定目标共议方法，有共识的才是好方案；第五，用政策管好价格和利润空间，保障渠道有利益驱动。

误区四：渠道建成后，起码能管用几年。

多数企业都有这样的想法，渠道建成后，马上心态就松懈了，认为起码能管用几年。

如今市场竞争瞬息万变，渠道的维护必须与时俱进，实时更新，不能给对手以可乘之机。否则，今日自己的渠道只怕明日就是他人的了。

在渠道维护上，注意三个方法：勤拜访，多沟通，拉近情感距离；有问题，快解决，润滑合作摩擦；有预警，快提醒，保证市场规范和目标达成。

二、布局全国的同时，必须做重点招商

布局全国的同时，必须确定主攻的重点市场，不能到处撒网。

招商前，要把以下四方面的问题考虑清楚：

确定渠道模式：是采用代理制、分层经销形式还是专卖店形式，以及各种渠道模式设置中间商的层级与方法。

思考通路长度和宽度：从省市到乡村，企业涉入的通路长度到哪一层级；同一层级的渠道，企业销售终端横向宽度布局多少。

选择经销商：根据渠道模式和通路长、宽度的设置，确定经销商的数量与选择标准。

制定销售政策：销售政策是指企业与各级经销商的合作方式。比如企业对经销商在前期铺货、运输、终端维护、宣传、扣点、返利、结算等方面的相关政策。

上述问题解决之后，开始在全国做重点招商。

全国重点招商是相对于全国广泛撒网的聚焦战略，能够使企业以相对有限的资源发挥更大的势能，能够使企业以相对较弱的管控能力变得相对强势。

在全国做重点招商，有重点地圈定几个市场，由销售人员深入市场，有计划地开展招商工作，有针对地去跟进几个大户经销商，实现厂商衔接。

三、适度创新农产品营销渠道

在渠道选择方面，除了传统的分销渠道外，还有多种分销模式可供尝试和创新。

（一）农产品超市

在大中城市人口聚居区建立农产品超市，专门经营日常生活必需的农产品。按品牌、产地上架，每一种产品都要有产品产地、生产者等信息，便于消费者深入了解产品，对产品形成好评，继而产生品牌忠诚，以口碑树立品牌，带来新顾客，形成持续销售。

在日本，如果你发现一棵蔬菜长得不错，想知道产地是哪里，谁种出来的，很简单，只要拿出手机，对着蔬菜标签上的二维码扫描一下，就能查到它的产地、品种、种植方法，以及栽培者的照片，也许是一对农民夫妻在田间地头的合影，他们保证你吃得安全。这种可以追溯生产源头的食品，受到广大消费者的肯定。在中国，越来越多的人对食品安全问题开始重视，这种能给消费者提供可靠产品信息，打消心头顾虑的产品一定大有市场。

（二）直销专卖店

直销专卖店，比较适合深加工的农产品，这样能保护产品不被假冒伪造，形成独特的渠道模式，又免去了进入成熟商超的高门槛。店内可以摆放权威质量检测机构的认证和相关证件，供消费者考证。

（三）网络营销

网络营销是一种新兴的营销平台，尤其适合农产品生产基地和批发市场。

网络营销具有双向沟通的特点，在销售产品的同时，可以方便巧妙地进行市场调查，了解市场行情，引导农民下一步调整产品结构。购销方面还可以方便地与外贸公司和国外买家进行农产品交易，甚至引来更大的订单，同时可以引进新的品种和种植技术，全球化销售。

标准化、包装化、高信任背书是网络营销的关键。

中国最大的电子商务平台阿里巴巴打造生态农业服务链，2016 年阿里巴巴平台农产品的销售额超过 1000 亿元，销售农产品的网店超过 90 万家。

农业与网络的联姻，将为传统农业插上腾飞的翅膀，这是千载难逢的战略机遇。

（四）观光营销

把生产厂房和设备工艺原始化、艺术化、景观化、礼仪化，把生产过程公开，并且设计诸多体验环节，这就是观光营销。让游客通过观光和体验，对产品和品牌产生深度认知，从而带动销售。

上海孙桥的现代农业园区，用最领先的无土栽培技术和农业景观带动了整个产业链。山东烟台的很多酒庄跟旅游结合起来，收到了极好的效果。

（五）农产品会展营销

通过国际农产品、食品博览会和展示直销中心来展示现代化的品牌农产品、绿色产品。在博览会上体现中国农业的发展、吸引海外贸易合作伙伴，如上海西郊国际农产品展示直销中心等。

第五节　筑牢根据地市场

一、根据地市场是布局全国市场的根基

根据地市场，是新产品赖以诞生、保存和发展实力的战略市场，是支持企业长远发展的进可攻、退可守的大本营！依托根据地市场，扩建根据地市场，发展根据地市场，从点到面，从面连成片，从阵地战走向正规战，从根据地市场走向全中国市场！

很多新产品轰轰烈烈上市，很快又悄无声息地退市，很大一部分原因是没有建立起自己的根据地市场，立足未稳就被打回了原形。仲景香菇酱，把企业的所在地河南南阳作为市场开拓初期的第一个战略根据地，首先在南阳市场做实做透，锻炼队伍，摸索模式，使之成为当地绝对的强势品牌。很快，南阳根据地市场的影响力就显现出来，郑州市场紧随其后实现火爆销售；河南全省随后火爆销售；全国各地经销商闻“香”而动；不少大企业的营销精

英主动要求加盟仲景香菇酱销售队伍。

二、根据地市场是锻炼队伍、锤炼意志、提升信心的好战场

通过打造根据地市场，各级市场人员统一思想，上下同心，凝神聚力推广新产品，积极探索新产品的推广手段和方法，挖掘新产品的市场空间和增长力，用实实在在的销售业绩，锻炼队伍、锤炼意志，提升队伍的信心，实现企业的梦想！

要做行业老大，要占领全国市场，没有自己的根据地市场不行！

第六节　点面结合，灵活扩张

在根据地市场建设取得成功后，企业找到了开辟全国市场的营销模式，可以根据自身的实际情况，开展点面结合灵活机动的扩张。

一、稳扎稳打，步步推进

对实力不是很强大，资源不是很丰富，队伍不是很成熟的企业来说，要在根据地市场的基础上，稳步向周边扩张，扎实提高企业综合竞争实力。如果因为根据地市场小规模的成功，沉不住气而快速出击全国市场，难免会导致各方面资源跟不上，走到哪里都发现自己存在短板。

二、高举高打，快速滚动

对实力雄厚，资源丰富，队伍实战能力强的企业来讲，在全国扩张时，如果慢，就是贻误战机！高举高打，在全国性媒体上进行品牌大传播，全国招商，快速滚动，使产品快速覆盖全国各个市场、各种渠道。

乌江榨菜在重庆取得成功后，就采用了此种扩张模式。首先是与具有强大号召力的媒体——中央电视台联手，占领品牌传播制高点，使竞争对手无力跟进，一下子夯实了乌江榨菜在行业中的领先地位。其次，借助成都糖酒会这一商业平台，开展全国招商，一夜之间完成了全国几乎所有地级市市场的网络覆盖，并向大型连锁卖场和各类便民小店大举开进，一时满城尽是乌江榨菜。全国扩张第一年，销售额就突破了 4 亿元。

双轮驱动的市场布局模式，从全国布局，到重点省份招商，再到根据地市场打造，完成了一个从面到点的战略聚焦过程，能够实现快速抢占市场先机与市场做实做好的完美结合。从根据地市场的成功，到扩建和发展新的根据地市场，再到全国市场一片红，又是一个从点到面的战略扩张过程，以使市场实现更快更好地良性发展。

没有全国视角，速度跟不上，会在全国范围内丧失市场战略机遇；没有根据地市场，貌似全国开花，但昙花一现，占领全国市场就会后劲不足。

第六章

农产品要红，品牌是保证

第一节　品牌农产品是市场趋势

一、现代农业是国家级战略

中共中央、国务院《关于积极发展现代农业　扎实推进社会主义新农村建设的若干意见》开篇即说："农业丰则基础强，农民富则国家盛，农村稳则社会安。"

没有农村的小康，就不会有全国的小康；没有农业的现代化，就不会有全国的现代化。

2011 年 6 月 26 日，农业部联合国家质检总局等七部委印发了《关于加强品牌建设的指导意见》，文件明确提出："围绕加快发展现代农业，完善现代农业产业体系，积极推进优势农产品，特色农产品和农产品加工业的品牌建设，按照'标准化生产、产业化经营、品牌化销售'的发展模式，创建农产品品牌。""支持龙头企业延伸链条、培育品牌，提高产品附加值，促进农业综合生产能力的提高，推动现代农业发展。"

2012年2月，国务院公布了《全国现代农业发展规划》，正式将现代农业定格为国家级战略，这是我国首部现代农业发展规划，是今后5~10年现代农业发展的纲领性文件。接着国务院出台了《关于支持农业产业化龙头企业发展的意见》，这是促使小农变成大农，使农业产业规模化、农村企业龙头化，打造现代农业发动机的战略举措。

上述政策和规划标志着党中央、国务院在"三化同步"（在工业化、城镇化深入发展中同步推进农业现代化）中高度重视农业现代化；标志着发展现代农业从理念要求变成了实际举措；标志着现代农业发展在国家政策的顶层设计上有了总体部署安排；标志我国推进现代农业进入品牌发展阶段。

党的十八大报告再次强调，坚持走中国特色新型工业化、信息化、城镇化、农业现代化道路，推动信息化和工业化深度融合、工业化和城镇化良性互动、城镇化和农业现代化相互协调，促进工业化、信息化、城镇化、农业现代化同步发展。"新四化"把现代农业的国家战略地位以及四者之间的相互促进作用提升到前所未有的新阶段、新高度。

李克强总理更是多次强调，新型城镇化是中国最大的内需，新型城镇化必须与农业现代化相辅相成。

二、品牌农业是现代农业的抓手

现代农业与品牌农业的关系是怎样的？为什么强调"品牌农业"的概念？

“现代农业”与“品牌农业”，是同一个事物从不同的角度切入所产生的不同的解答。党和政府在宏观战略上，以政策鼓励与资金扶持为手段推进农业产业现代化。如果从市场的角度研究现代农业，从食品企业和农业产业化经营的角度切入现代农业，现代农业的所有工作可以聚焦为一点，这就是“品牌农业”！

因此，从这个意义上说，现代农业与品牌农业一脉相承！品牌农业工作是农业、农村经济和农业产业化的抓手，是农业走向市场的手段和落脚点，是打通食品工业和农业的媒介，是农业和农业企业走向现代化的标志！

（一）什么是品牌农业

品牌农业是具有质量和安全健康保证的品质农业；是按照量化标准产生和加工的、产品始终如一的标准化农业；是通过恰当的筛选、包装和加工进行原料升值的价值农业；是摒弃一家一户落后的生产经营状态，以规模获得高效益的规模农业；是打通一、二、三产业，甚至全产业链掌控、实现质量与安全可追溯的大食品业。

总之，品牌农业就是要彻底改变传统农业生产、加工和经营的思想和方式，引入工业化先进的管理思想、技术、品牌营销模式和人才，把农业产品像工业品那样加工和经营，以全新的方式振兴和发展。在市场上表现为农产品全面走向品牌化。

一句话，没有品牌农业，就一定没有现代农业！品牌农业是实现农业现代化、国家现代化、社会可持续和谐发展的重要战略路径。

（二）品牌农业的特征

品牌农业有五个重要特征，称为“五化”，即生态化、价值化、标准化、产业化、资本化。

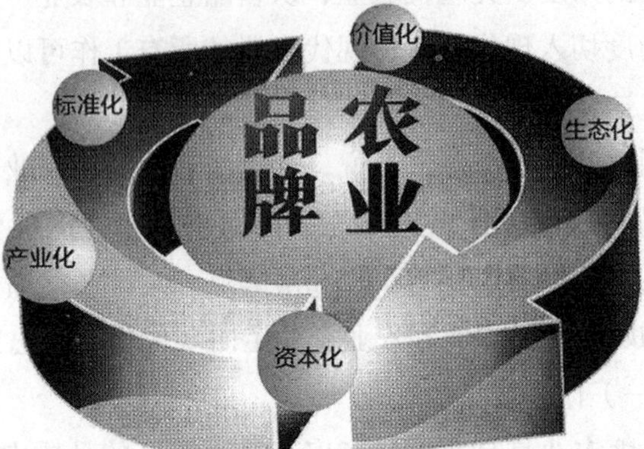

图 6–1　品牌农业“五化”

1. 生态化

生态化，即按照“尊重自然、循环发展”的理念，从事农产品的培育和生产，加工和销售安全、健康、优质的农副产品。生态化是品牌农业的“心脏”。

2. 价值化

价值化，即引入品牌营销模式，通过品牌定位、产品创新、产品核心价值、品牌（产品）形象设计以及传播推广等手段，提升产业、企业和产品附加值，实现增收增效和可持续发展。价值化是品牌农业的“脸面”。

3. 标准化

标准化，即引入现代经营管理理念和手段，对农业经营组织的种养、加工过程和环节，进行规范化、系统化改造和建设，改变传统农业经营的粗放、随意和人为性，形成可量化、可控制和可复制。标准化是品牌农业的“血液”。

4. 产业化

产业化，即实现作为第一产业的农业与第二产业、第三产业高度融合与产业整合，形成完整农业产业链，进行良性联动和互动。公司 + 基地、公司 + 合作社 + 农户、农户 + 合作社 + 超市、农村 + 金融、农场 + 家庭、鼠标 + 家庭，都是“从田间到餐桌”的产业化形式。产业化是品牌农业的“肢体”。

5. 资本化

资本化，即根据农业投资风险大、利润回报低、投资周期长、市场前景广的产业特点，积极主动先期导入现代投资和资本运营理念、模式和路径，用资本的杠杆和力量撬动、助推现代农业跨越式发展。资本是品牌农业的“翅膀”。

三、农业产业大发展正当其时

（一）中国经济的第三级火箭就是农业

品牌“brand”一词源于古挪威语“brandr”，意为烙印，在牲畜身上打上烙印，用以区分产品的归属。无论是美国西部牲畜身上的印记，还是欧洲地窖里酒桶上的标志，抑或是我国良渚文化时期陶罐底部的符号，都说明品牌萌芽于农业。但是，农业品牌的发展在相当长历史里都是缓慢的，从世界范围来看都是这样，这似乎是规律。

最早出现品牌的农业，被工业产品的品牌化、服务产品的品牌化远远抛在了后面。落后的原因，一是农业做品牌的难度远比工业品大，二是农业在各产业中的基础地位决定了它长期以来是在幕后默默付出，三是消费者在很长时间里对农业品牌不敏感。

《货币战争》作者宋鸿兵认为，中国过去以出口为导向的外向型经济增长“火箭”已经逐渐“熄火”，未来中国经济增长的“第三级火箭”将是农村二次工业化。

“第一级火箭”是指 1980 年到 1996 年的农村工业化。农业劳动生产率急速提升，当农民有了更多粮食，工业品需求迅速增加，城市工厂也拿到了订单，从而整个经济被农村巨大的需求拉动。然而这一级“火箭”到 1996 年之后熄火了。

“第二级火箭”则是指 2001 年中国“入世”。全面面向 60 亿人的全球大市场，这个过程使中国的生产效率急速提升，推动了整个国民经济的腾飞。然而 2008 年全球金融危机爆发，这个火箭又逐渐“熄火”。

“第三级火箭”有没有呢？有人表示怀疑。按照宋鸿兵的说法，经济增长的“第三级火箭”存在于这样的地方：第一，这个领域现有生产效率低下且薄弱，一旦投入就可以迅速拉动；第二，涉及的人口广而多；第三，这个产业必须要拉动全行业的产业链条。而符合这些条件的是农业，只有农业！

党的十八大报告明确提出，解决好农业、农村、农民问题，是全党工作重中之重，城乡发展一体化是解决“三农”问题的根本途径。

农民占中国人口的一半，中国市场如果没有农村消费力的加入，中国经济就难以出现持续显著的增长。我国对农业长期投入不足，一旦将它提高到战略高度，大量投入之后将带来生产效率的巨大提升，农民收入显著增长，消费能力大大提高。我们提到农村问题，总是说扶贫，其实应该把它提高到经济转型的战略地位。农业和农村经济的现代化，是改变我国经济格局、拉动经济增长的战略性全局工作，现在，“第三级火箭”已经开始点火！

正如新希望集团董事长刘永好所言，“30 年河东，30 年河西，现在该轮到农业大发展的时候了，我很荣幸，我们站在潮头上！我希望把新希望打造成世界最大的农牧企业。”

是的，我们都很幸运，因为我们已经站在了时代的潮头上。

（二）产业升级，消费升级，呼唤品牌农业

从经济发展的层级来看，产业在升级，消费在升级，市场中的供需双方对品牌的诉求越来越强烈，农产品品牌化的条件已经成熟。

从产业自身看，我国已经具备了全面推进现代农业的基础和条件。

首先，改革开放以来，我国农业取得了长足进步。当前，粮食连续多年增产，农业科技贡献率、耕种收综合机械化水平分别达到 53.5% 和 54.5%。同时，我们已经初步构建了强农惠农富农的政策体系，经营体制机制日趋完善，新型的农业经营主体不断发展壮大，工业化、城镇化的引领推动作用更加明显，科技支撑更加有力，农业现代化具备了大发展的基础。

其次，在工业化、城镇化深入发展中同步推进农业现代化（以下简称“三化同步”），补齐农业现代化的短板，是我国全面现代化的当务之急。全面的现代化是“三化同步”的现代化，加快现代农业的发展，实现与工业化、城镇化的平稳协调发展，才能打牢国民经济发展的基础，实现全面的现代化。

从社会条件来看，社会结构的变化为农业的现代化提供了充分条件。

中国社会结构正在发生前所未有的变化。2017 年，进城务工人员超过 2.8 亿，中国农村每天都以消失 20 个行政村的速度“萎缩”着，农村留守人员中“老弱病残妇小”比例大增，这是坏事，但同时又是好事，催促传统农业向现代农业升级。

大批农业劳动力转向工业和服务业，大批农业人口转变为城镇的财富创造者和消费者（中国的城镇化每年将产生上千万的新消费群体），大批土地不再是农民的唯一依靠，从此土地得以有条件集中起来进行集约经营。

新农村建设、土地流转制度、城乡一体化、生态文明建设等政策因素和软环境的变化，都为农业的现代化和食品业的升级创造越来越充分的条件。

全世界的第一产业都不赚钱，都在努力打通产业链，这是世界性趋势。随着经济的发展，我国食品业的源头——农业开始摆脱纯粹第一产业的属性束缚，向全产业链、增值化和品牌化挺进。这是传统农业向现代化农业升级的方向，是我国农业和农村经济可持续发展的唯一选择，也是食品行业健康发展的光明之道。

从市场来看，消费者对于品牌产品的需求无处不在。

西方市场实践告诉我们，当一个国家和地区的人均GDP达到3000美元左右时，居民的消费开始从以温饱为主要诉求的基本型消费向以满足为主要诉求的享受型消费转变。农业领域几千年传承下来的食品，是各地的名片，也是中国的名片，是最有生命力的心智资源，也拥有广阔的市场前景。

第二节 农产品品牌化存在的问题

一、美食王国光鲜诱人背后的隐忧

中国是世界公认的美食王国。中国五千多年的文明发展，沉淀出极为丰富的饮食文化，中国食品以无以计数的品类和异常丰富、变化无穷、让人垂涎欲滴的色香味形，让全世界叹为观止。

但是，在中国经济持续发展、中国人的餐桌越来越丰富、食品越来越鲜亮、中国人吃得越来越好的背后，食品安全事件时有发生，消费者对食品企业的信心不断受挫。

二、食品安全毒瘤在产业上的根源

历史总是惊人的相似，让我们看一下当今堪称食品安全楷模的美国在 1906 年的食品安全状况。

这一年，美国作家厄普顿·辛克莱出版了小说《屠宰场》。该书描写道："工厂把发霉的火腿切碎填入香肠；工人们在肉腚上走来走去并随地吐痰；毒死的老鼠被掺进绞肉机，洗过手的水被配制成调料。"当时的美国总统西奥多·罗斯福在白宫边吃早点边读这本小说。读到这里时，罗斯福大叫一声，跳起来把口中尚未嚼完的食物吐出来，把盘中剩下的香肠用力抛出窗外。

小说是现实的真实反映，此书引发了全美上下的强烈反应，美国肉类食品的消费和出口急剧下降。为此，美国国会当年6月通过了《纯净食品和药品法》和《肉类制品监督法》，同时，批准了以化学家威利博士为首共11名专家学者组成的班子，成立了著名的美国食品药品监督管理局（Federal Drug and Food Administration，FDA）。从此，美国药品和食品安全进入了一个崭新的法治化时代。

物极必反，中国食品行业也到了浴火重生的历史时刻。中国食品安全问题的根源在哪里？与美国有什么不同？

从农业和食品行业自身的角度深入剖析，食品安全问题的根源有以下两点：

（一）分散和落后的中国农业

中国经济迅猛发展了三十多年，中国制造影响到了全球，中国工业化和城市化取得了巨大的成就和进步，但是中国的农业生产相对落后。

中国农业生产还比较分散，很多是个体农户进行生产。小农户导致小生产、投入成本高等问题。对于农民来说，分散生产还有很多不利之处。例如，不利于机械化，不利于技术进步成果的推广采纳，在购买生产资料和出售农产品时，难以讨价还价，难以获得价格优惠等问题。

提起农产品销售，大家首先想到的是什么？对，农贸市场！我国农产品营销大多停留在“萝卜青菜，装筐就卖”的初级阶段，很少有品牌建设和营销策划，品牌缺失是中国农产品最大的短板。

刘永好的话一语中的。他说，“三农”问题最大的问题是小农经济的生产格局，表现为与城市和现代社会不适应不对接的问题。这儿涨价、那儿涨价，说明供给不足或不均衡；一会儿有这样的食品安全问题，一会儿有那样的食品安全问题，说明生产的格局、体系不够健全。小农经济的生产格局不适应大市场、大社会快速发展的要求。

不可否认，改革开放后，尤其是最近十年，中国的农业经济有了长足的进步与发展。但在经营制度、土地贡献率与农产品增值率、农业生产对国民经济的贡献上，仍然有不少提升空间，与活跃的市场需求和迅速成长的市场规模仍有很大距离。经营上一家一户比较分散，规模小，效率和效益不高，质量不均匀不稳定，可追溯率低，产销首尾不见面，与产业后端已经部分现代化的加工业和先进的大商业仍不匹配不适应，产业依然不贯通。客观上为食品安全问题带来了一定的隐患。

（二）同质化竞争“趋低营销”，没有最低只有更低

稍微了解中国农产品市场和农业企业的人都知道，绝大多数企业由于产品同质、竞争方法同质，大家都没钱可

赚，在微利的边缘上挣扎着。

事情并没有到此为止。当大家都做着同样的事最终压得大家无钱可赚时，无良企业就动起了歪心思，开始用违规和非法手段“掺杂使假”以降低成本，不安全食品就这样出炉了，无良企业以损害消费者利益换取苟且的生存。

天然牛乳的蛋白质不够怎么办，有的企业不是帮助奶农提高饲养水平，而是直接添加三聚氰胺来通过蛋白质含量检测；消费者喜欢吃瘦肉，依靠科学饲养增加瘦肉率成本高难度大见效慢，有的企业直接设置正常饲养不可能达到的瘦肉率标准以压低价格收农户养殖的畜禽，或者直接在饲料中添加瘦肉精来增加瘦肉比……当全行业尤其是龙头企业（不管是有意还是无意）都在做这种事情的时候，劣币驱逐良币现象出现，整个行业开始堕落。没有市场话语权的中小企业更是无路可走，他们没有底线，国家标准、道德自律全被抛到脑后。

这种做法称为“趋低营销”。

从成本与赢利关系的角度看，企业赚钱只有两种方式。一种是“趋低营销”：压低成本，靠低价格吸引消费者，赢得市场。趋低营销是依靠低价优势参与竞争，效果直接、做法简单，很多企业在这条路上混日子。这种本来是由于总成本领先才能获得的竞争优势（无论是通过压自己的成本还是压上下游的成本，使自己有利润可赚），做着做着就走了样，你一袋卖 4 毛，我就卖 3 毛，醋比水贱，这就是个别趋低营销的山西老陈醋企业在自家门口上演的活剧。

相反，另一种方式是“趋高营销”：将产品价值做实，将品牌价值做高、做出不同，用产品中充盈的内在价值满足需求，用使用价值之外的品牌附加值吸引消费者，赢得市场与利润。

做企业应该赚钱，而且必须赚钱，这才是经营秩序正常和良性的基础。问题在于，目前几乎所有企业都在扎堆做趋低营销，知名企业也混迹其中，全行业的生存生态遭到严重破坏。事情如果到了这个关口，道德自律失灵，制度监管失控，企业如果想生存只能身不由己，随波逐流，任何好听的高调都没有实际意义。

食品安全问题是道德问题，也有制度监管上的原因，更重要的是行业整体问题，是企业走什么路尤其是龙头企业如何引领行业健康发展的大问题！从行业和企业自身的发展来讲，趋低营销才是食品安全问题深层次原因。道德上的问题有人谴责，制度上的漏洞有人修补，企业生存和发展怎么办？企业仅靠道德自律、遵纪守法就能够在市场生存和获胜吗？恐怕很难。我们首先要在经营上为企业找到出路和活路，在能够生存的前提下，企业才会做良心产品，高品质的产品，根本性的办法就是走趋高营销之路，做品牌！

农业产业规模太散，经营模式太老，附加值太低，品牌力太弱，竞争力太过同质，趋低营销、同质化、拼价格已经无钱可赚、无路可走。要想赚干净的钱，必须改弦易辙，做价值，做高溢价的品牌产品。只有企业赚到钱，企业才有可能会高尚起来。趋低营销触底，恰逢消费需求升级，做价值做品牌已经成为企业、社会和消费者的共同诉求，做价值做品牌必将成为有伟大志向企业唯一的正道和出路。

第三节　品牌让农产品红起来——卖得多、卖得久

品牌农产品市场，或者叫厨房餐桌食品市场，是一块巨大的未开发的新大陆！就像哥伦布发现美洲新大陆一样，具有非凡的价值。

14 亿中国人，中国的厨房餐桌正在升级换代，这里面蕴含的商机绝对是世界罕见！

英国食品行业分析机构 IGO 研究表明，中国 2011 年食品消费开支达到上万亿元，已超过美国成为世界第一。中国经济的不断增长、中国人的财富拥有量不断增加、食品价格的上涨，都在推动中国食品市场的扩张。这显示，中国的"吃"也在改变世界。

粮油蔬菜水果禽蛋奶，人人需要，天天食用，反复购买，是十足的快速消费品，是孕育大品牌的天然大市场。许多人可能没有想到，金龙鱼食用油年销售额高达 400 亿元，双汇火腿肠一年销售 200 亿元，海天酱油一年销售 100 多亿元，老干妈辣酱一年销售 50 亿元，鲁花花生油从 2000 年的 1 亿元销售额上升到了目前的 300 多亿元，

太太乐鸡精年销售50亿元，名列全球第一；德青源仅用不到8年的时间，产值就从50万元发展到6亿元，还在2008年、2013年两次荣获全球蛋品行业最高奖“水晶鸡蛋奖”；小零食馋嘴猴豆干年销售5亿元。这是一个孕育奇迹的地方，还有很多奇迹即将在这里诞生。

中国没有小市场。我们每天炒菜使用的酱油，全国每年有500万吨的消费量，被两千多家厂家分食，平均每个企业还不到2500吨。其中消费者认为最好的品牌，提及率才刚刚超过10%，就是这家企业一年销售高达100亿元，非常惊人。比酱油市场分散的市场比比皆是。

在这个大市场里，每一个品类都足以养活起世界级的大企业，甚至在每个区域市场里，每一个品类市场都大到可以培养出区域知名品牌，使企业从小到大，从弱到强。

处在全球最大本土市场中的中国企业，不必舍近求远。做品牌农业首先要在中国赢，在中国市场赢，就能赢得通往全球市场的第一张入场券。这是一个激动人心的巨大市场，是施展雄伟抱负的广阔天地，这里有无限的想象空间和无尽的发展空间，你只会恨自己能力不够，魄力不够，想象力不够，创造力不够。

难怪世界投资大师罗杰斯忍不住呼吁：想致富，赶紧去当农民！

未来20年，世界看中国，中国看农业，农业看品牌。

现在，政策利好，社会经济条件充分，消费在升级，企业在觉醒，品牌农业大发展的黄金时代到来了！

农业产业化龙头企业、传统老字号企业、原料生产型企业、出口食品企业、地方名品（地理标志、原产地保护、非物质文化遗产）企业，有远见有胆识的企业家们，马上行动起来吧！打破心理屏障，重建市场边界，引入先进的品牌营销手段。学会包装产品，让“土产”不再“土气”；学会宣传产品，让特产走得更远、走遍全国；学会整合资源，内外借力把规模做大；提升产品价值，提升品牌形象，使品牌产品卖得多，卖得快，卖得好，卖得持久！

第七章

爆款农产品的品牌策划

第一节 有内涵的品牌才有高曝光

农产品的品牌内涵简单地说就是这个农产品是什么样的。主要需要策划的是企业的产品和同类产品有什么不同，对消费者有什么特别的好处，也就是给农产品品牌画个像，长什么样，让目标消费者一眼就能看出，一听就能记住，一看就想买。

一、农产品品牌内涵从哪些方面可以进行策划

现在的品牌策划理论五花八门，做品牌策划的公司也很多，然而很多都是创意型的，靠的是感觉，抓住一个或者几个点。专家表示，农产品的品牌策划有自身行业的特点，而且是有行业独特的规律可循。具体地来说，农产品的品牌内涵策划可以从三个方面进行：产业链的内涵策划、农产品文化的内涵策划、农产品企业以及企业里人的内涵策划。

（一）产业链的内涵策划

产业链的内涵策划指的是农产品从田头到餐桌，这个

产业链的过程中，有很多节点、很多环节，每一个环节都可以进行策划，都可以显示企业的与众不同。

农产品的产业链一般来说包括产前、产中、产后、流通、消费五个环节，五个环节包括了几百个细分节点，就是说在产业链方面，有几百个细分的点可以策划，可以做到和同类产品不一样。例如，产前环节的品种规划，品种有何特色、品种的来源是一万年前还是最新科技成果，或者是太空育种等；产中环节的种养殖方式，养牛是散养还是工厂化养，喂的是纯粮食还是精饲料，喝的是泉水还是自来水，喝的水里有哪些对人体有益的矿物质，牛病了是打针还是吃中药调理等；产后环节的品级分类，从多少个产品中挑出最好的多少个，挑的标准是什么等；流通环节的网点布局，是在菜市场卖还是只在高端酒店卖，每次卖的量是限量还是不限量，是要预定还是随到随有等；消费环节的消费引导，企业的农产品怎么个吃法更能保持营养，一天吃多少，在什么时候吃，和什么搭配着吃等。总之，农产品的产业链是个既长又宽的链条，五个环节每个环节都有几十或者上百个细分的点，都可以进行品牌策划。这也说明，农产品进行品牌策划既是容易的，因为点多，又是很难的，难在怎么样把众多的点有机结合，打造出一个整体的品牌内涵。

（二）农产品文化的内涵策划

农产品文化的内涵策划指的是把文化的东西融入农产品品牌。和农产品相关的文化内容有四个方面：地域文化、历史文化、饮食文化、产品文化。地域文化包括地方的风土人情、民族特色、自然环境等，一方水土养一种特色产品，一方的风土人情就可以代表这种特色产品。历史文化包括历史渊源、神话传说、古代皇亲国戚与农产品的故事、古代名人与农产品的故事等。饮食文化包括吃什么东西，能做出多少特色小吃，怎么吃法，吃的场合，和谁吃等。产品文化主要说的是农产品本身的文化内涵，例如大桃是寿桃，代表着长命百岁。

（三）农产品企业及企业里人的内涵策划

农产品企业及企业里人的内涵策划指的是把农产品企业及企业家本身的优势融入品牌。例如中粮是一个大型国企，消费者自然会产生信任。还有中华老字号，消费者一听就产生认同感。企业里的人包括员工、企业家以及聘请的专家顾问。农产品方面的专家形象可以用来进行品牌策划，可以说企业家是农科院的专家，或者企业聘请了多少专家，研发出什么技术，这样企业的品牌自然有权威性，容易让消费者很快产生认同。

二、农产品品牌内涵策划的步骤

农产品品牌内涵的策划可以分为以下五步：调研、定位、内涵策划、效果测试、修改定型。

第一步调研。一般消费品品牌的调研包括行业研究、市场调研、目标消费者调研、竞争对手调研、企业资源和能力的诊断等。农产品品牌的内涵策划调研除了这些之外，还需调研这个品种的产业链各个环节的情况，就是要把五个环节的几百个细分节点的过去、现在、未来全部弄清楚，以及农产品文化的研究，这些都是农产品品牌策划过程中与一般的消费品不同的地方，也显示了农产品行业自身的特性。

第二步定位。卖给谁，以什么样的方式卖，在行业大格局中想处于什么位置，品牌要给目标消费者传达什么东西等，根据第一步调研的资料，进行分析，把这些问题弄清楚。

第三步内涵策划，就是根据定位，选择适合的内涵点，进行整体策划，用各个点勾勒出符合品牌定位的整体的品牌内涵形象。

第四步测试效果。做策划的很容易沉迷于自身的精神世界，难以自拔，而做企业最重要的就是要赚钱，农产品品牌策划的目的就是卖得更贵更多更快，所以，必须把品牌策划的结果进行目标消费者测试，看看消费者对于这样的品牌内涵有什么反馈，情况允许时还要做小区域或者小范围的销售测试。

第五步修改定型。根据目标消费者的反馈或者销售测试的情况，加以调整，再进行测试，直到得到满意的效果就可以定型了。

第二节 权威认证让“网红尖货”更硬气

由于农产品的产业链既长又宽，影响农产品品质的节点很多，而且农产品从外观来看，很难区别品质的好与坏，很多农产品吃了以后也难以区别品质的优劣，所以，对于立志打造品牌的农产品，不能只自己说自己好，必须得别人说好。

别人说好有两类方法：一类是第三方机构的权威认证，说企业的产品好；另一类是第三方授予企业获得的各种荣誉，这些荣誉就暗示企业的产品好。所以，用认证和荣誉能提升农产品品牌的信誉。

一、认证的种类

农产品的认证可以分为产品认证和体系认证两大类。产品认证有自愿性的认证和强制性的认证，强制性的认证例如食品的 QS 认证，自愿性的认证有无公害农产品认证、绿色食品认证、有机食品认证、种子认证、非转基因认证等。体系认证的目标是建立安全食品的生产管理体系，例如 HACCP 认证、GMP 认证等。

二、荣誉的类别

荣誉的类别可以分为企业的荣誉、品牌的荣誉、企业里个人（一般是企业家）的荣誉。企业的荣誉可以是政府、行业协会、媒体或者企业的相关利益方等有公信力的机构给予的荣誉。品牌的荣誉可以是地理标志产品、获得各种奖励、政府或者大型赛事指定用品等。个人荣誉指的是个人获得的各种称号，或者个人在业界的各种成绩。

三、规划农产品的认证和荣誉的原则

现在的认证和荣誉看起来很有光环，但实际上也不是越多越好，因为在这个极端商业化的社会，认证可以用钱买，荣誉也被某些机构发乱了，所以，如何规划好农产品的认证和荣誉，就很重要，不能见到什么荣誉都要。一般来说，选择能够提升农产品品牌信誉的认证和荣誉有三个原则：

第一个原则是公信力原则。公信力强的认证和荣誉更容易让人产生信赖感。国际权威认证比某个国家某个机构的认证公信力强很多；国家级政府机构的荣誉就比行业协会或者什么展会颁的荣誉公信力强很多；世界级别的赛事指定产品比商业化的赛事指定产品公信力就强很多等。

第二个原则是合适的原则。认证和荣誉必须适合农产品，才能提升农产品品牌的信誉。农产品企业搞什么ISO质量管理体系认证就显得不是那么合适；农产品企业获得“学生实习基地”也对农产品的品牌提升作用不大。

第三个原则是适度原则。不能什么认证都搞，什么荣誉都要，这样，杂七杂八的认证和荣誉一大堆，消费者一看，心理就会想肯定都是花钱买的，自然而然地就对农产品产生不信任。认证和荣誉体系的规划，目的是提升农产品品牌以及农产品企业的信誉，所以，企业获得所有的认证和荣誉级别最好都差不多，要保持企业的姿态，这样更容易获得消费者的认同。

第三节 诱人美食让农产品大展身手

农产品是用来吃的，这个大家都知道，可是具体怎么吃呢？“都吃了几千年了，还不会做菜吃呀”，也许很多人会这么回答。其实，对于每一个购买农产品的人来说，即使是饭店里的大厨，也并不一定知道一种农产品可以有N种吃法，我们只是以我们习惯的方法去吃。

对于大众常见的农产品，采用食谱营销，最主要的就是要丰富这种农产品的吃法，从日常饮食的方方面面去影响消费者，一方面增加了这种农产品的消费量，另一方面形成全新的饮食习惯和饮食文化。对于新奇特的农产品，由于消费者对这些农产品还不了解，因而必须备有印上产品品名、营养价值、烹饪方法等资料的卡片或其他宣传材料，如有企业生产从墨西哥引进的食用仙人掌，风味独特且具保健作用，但许多人并不知道吃法，假若备有一本菜谱，肯定对销售能起到很大的促进作用。

那么，农产品品牌怎么做食谱营销呢？

无论是大众常见的农产品，还是新奇特农产品，食谱营销对于农产品的品牌塑造都至关重要。农产品品牌做食谱营销可以有三类方法：细分法、全面法、特色法。

第一，细分法。

细分法指的是一种农产品针对不同的细分人群，每周、每天或者每餐吃的数量不一样。例如肉类食谱营销，对于肥胖人士，一周吃两次，每次吃 150 克，周三以及周六吃，而对于高中学生，每天得吃一次，中午吃，每次吃 250 克。再例如红枣，针对贫血女士，早、中、晚各 150 克，针对青少年女孩，早、中、晚各 100 克，针对男士，早晚各 100 克等等。这样的食谱从健康的角度出发，教育消费者怎么吃农产品，同时也就间接地宣传了农产品品牌的健康形象，也促进了消费量。

第二，全面法。

全面法指的是以一种农产品为主要加工材料，研发出系统的食谱体系，关联到日常饮食的方方面面，从餐桌食物到休闲食物，从早餐到晚餐，从主食到副食，全面涵盖。

第三，特色法。

特色法指的是用一种农产品做出有特色的食谱来，从而引起消费者的购买兴趣，或者引起酒店餐饮渠道的兴趣，从而大力推荐这道特色菜。新奇特的农产品从食材角度就有特色，当然更容易做出特色的食谱，然而普通的农产品也可以通过创意，做出有特色的食谱来，例如生吃的牛肉，这就是一个很有特色的食用方法，餐厅通过这样的特色卖点，就能多卖这种牛肉做的菜。例如水东鸡心芥菜，凉拌吃起来又脆又爽又甜，在高级酒店一盘菜一个月能卖 50 万元。

第八章

八种打造网红农产品品牌的方法

第一节 占据稀缺地利

创建农产品品牌战略的第一步，就是发现、发掘和抢占公共资源，包括产地资源和品类资源。这些资源对于创建农产品品牌来说是最重要的战略资源，与做工业品品牌显著不同。

一、公共资源包括产地资源与品类资源

除深加工食品外，相当多的农产品具有天然强烈的产地属性和品类属性，也就是说，产品的品质特色是否正宗，是产地和品类决定的。就像黄岩出蜜橘，安吉笋干好，巴城有大闸蟹，临安产小核桃。

从土地中生长的农作物，由于生长的地理位置、土壤、水质、气候的不同，家畜家禽因为其独特的品种、生长环境和饲料的不同，形成独特的质量、口味、特色。有这样一个故事：日本人喜欢来中国偷师学东西，他们把景泰蓝和景泰蓝的制作技术偷到日本去仿制，做得非常好。接着，

他们又看上了茅台，想设法学走。经过研究，他们认为酒窖里面黑不溜秋的泥巴是形成茅台酒味道最核心的东西，于是他们买了一块窖泥带回日本，开始仿造茅台。这个窖泥里有数不清的原产地微生物，结果没想到，用这些出国的窖泥在日本造出来的酒完全不是一个味道，因为这些微生物到了日本水土不服，大部分都死了。这就是茅台独一无二的原因，也是“为什么日本人偷不走茅台”的答案。

农产品和源自农产品的食品质量和特色与产地紧密关联，也就是说，绝大多数的农产品会因为产地的不同而出现品质差异或者特色偏差。因此，做农产品品牌，必须首先抢占优质和特色产地资源，将其“据为已有”。

产地与品类两个事物常常紧密相连，产地常常蕴含、诞生品类，白洋淀的鸭蛋、内蒙古的羊肉、阳澄湖大闸蟹、龙口粉丝、西湖龙井茶等，一个个闻名的农产品品类都牢牢地把产地与名称固化在一起。因为它产自特定的地方才正宗，才具有良好的品质。产地 + 品种 = 品类名称，这是农产品历史形成的独特现象，是公共资源，必须抢占。

种庄稼必须有土地，开采石油必须找到油田。产地资源和品类资源这些公共资源是做农产品品牌需要率先抢占的最重要的无形资源之一，谁抢了先，谁就拥有了先发优势，就有可能获利和做大。这样的资源几乎是天然的，越抢越少，越抢就越是稀缺。做农产品的品牌营销，就必须对产地资源和品类资源及时发现、努力发掘和快速抢占。

二、将产地和品类“企业化”，做品类的代表

公共资源必须企业化，即出于产地，高于产地，占据品类，打自己的品牌。

（一）争取政策法律保护

以品牌占据品类，做品类的代表，这是获取资源、打造品牌的主体方法。现实中，许多产地资源被许多企业共同使用，属性混乱。这时如果能够借用政府的力量，辅以法律手段，使自己的企业和品牌独占品类，独树品牌，是最彻底最理想的办法。

峨眉山竹叶青茶业有限公司的前身，是峨眉山供销社下属的一个茶叶企业。1987 年公司成立之初，就以“竹叶青”作为企业名称和注册商标。由于商标保护不力，“竹叶青”商标被许多茶企业、茶商和茶农广泛使用，造成“叶”出多门，一时间竹叶青声名狼藉，假冒伪劣产品冲击着整个市场，竹叶青茶叶发展陷入低谷，几元钱、十几元钱一斤也少人问津。1998 年企业改制，峨眉山竹叶青茶业有限公司决心彻底解决商标归属问题。在峨眉山市政府的大力支持下，最终以 15 万元的价格收回其他厂商使用的“竹叶青”商标，在法律上正式确立了自己是独家拥有“竹叶青”商标使用权的企业。从此，“竹叶青”一步步走向辉煌，成为中国响当当的高档茶品牌典范。

与此类似的是辽参的代表“长海海参”。2009 年 2 月 13 曰，全国首例海产品地理标志证明商标“长海海参”注册成功，长海海参有了法律的“护身符”。

除了注册商标外，“地理标志（原产地保护）产品”的审批，“无公害”“绿色”“有机食品”标志产品的认证，中华老字号、中国驰名商标、非物质文化遗产的认证，以及各地推出的地方名品名牌标志称号等，都可以在一定程度上抑制品牌乱局，保护原创正宗企业的利益，让真正的品牌凸显。

（二）在消费者头脑中抢注

地理标志（原产地保护）产品等手段有一个不足就是，它是一种集体性的专有权，原产地名称不能为某个人或某个企业所垄断，不是彻底的“企业化”，因此出现“阳澄湖大闸蟹”有多家企业号称正宗，消费者莫衷一是的问题。怎样彻底做到品牌、产地和品类资源的专有化？在消费者头脑中抢注！

龙口粉丝具有三百多年的悠久历史，龙口粉丝简直是我国优质粉丝的代名词。可是原来龙口粉丝没有行业领导者，消费者对龙口粉丝的认识不清楚，离产地越远的消费者就越不清楚。“龙大粉丝”发现大好良机，“龙口粉丝，龙大造”的广告率先在中央电视台播出，将龙口粉丝的产地资源收拢在手，订单雪花般飞向龙大。现在，龙大成为龙口粉丝代言人及粉丝品类老大。甚至许多消费者以为龙大集团在龙口呢，其实它在山东的莱阳。

如果产品产地不知名，或者有资源但不为人所知，怎么办？“凭空”发现、挖掘并创造一个“公共”资源，然后独自享用！

蒙牛的“特仑苏”好在哪里？广告给出了答案，来自乳都核心区——和林格尔。蒙牛在此建厂之前，和林格尔只是一个默默无闻的贫困县，蒙牛通过企业核心牧场的规划和建设，再通过创意传播，和林格尔一下子成为消费者心目中的乳品天堂，蒙牛无疑是最大的赢家。

对开发公共资源，绝大多数企业都有认识，对做品牌也高度重视，但是对创建自己的品牌来代表品类，许多企业认识不清或者重视不够。对品牌的命名喜欢“产地 + 品类”，比如金华火腿、西湖龙井，在创建品牌的过程中，注重产地，但是没有把产地属性“企业私有化”，致使产地资源共享。这是一个极大的误区！做农产品品牌要出于产地高于产地，占据品类，打自己的品牌！

一说起榨菜大家一定会想起涪陵。那么，做榨菜其品牌就叫“正宗涪陵榨菜”吗？错！我们看看涪陵的乌江榨菜是怎么做的。

重庆市涪陵榨菜集团将“涪陵”作为产地背书，以此树立其正宗榨菜的形象，在其基础上，突出“乌江”品牌的主导地位。因此，在产品包装的品牌识别区就有了这样一段文字：“乌江榨菜，正宗涪陵榨菜，始于 1898 年，巴国古都涪陵因乌江（古称涪水）而得名，涪陵榨菜名冠世界三大名腌菜之首。”同时，在产品包装的主视觉上，将“乌江 · 涪陵”进行了链接，鲜明表达了乌江与涪陵不可分割的关系，既占据了品类，又树立了品牌。

北京烤鸭有许多企业在做，而“全聚德”只有一个。北京烤鸭是品类，全聚德是品牌，独一无二；河南西峡盛产香菇，而“仲景”香菇酱只有一个，香菇酱是品类，仲景是品牌，举世无双。

一句话，在地域名品上做品牌，必须站在地域名品资源的肩膀上创造新品牌，把品牌做成品类中的正宗代表！否则，到头来市场做大了，自己被假冒伪劣搞垮了，白忙活一场。

东北大米品质优良，在消费者中有广泛的认知，是一种宝贵的公共资源。现在，谁在抢占并率先成为东北大米的代表呢？五常大米有代表东北大米的趋势，可惜，“五常”二字是个地名，就像“东北”二字一样，企业不能独占独享，并不是一个好的品牌名称。类似的现象还有许多，如“西湖龙井茶”“山西老陈醋”“沙田柚”“阳澄湖大闸蟹”，都因产地而闻名，可惜做品牌的方法有误。

第二节　先人一步，以快制胜

做品牌，就要抢做第一品牌。如果你不是老大，就要寻找能够做老大的行业或者品类市场。

山东民和牧业股份有限公司不是第一个搞鸡苗繁育的，但通过产业聚焦和技术领先，如今已成为亚洲最大的父母代肉种鸡生产企业，形成了以父母代肉种鸡饲养和商品代肉鸡苗生产为核心，肉鸡养殖、屠宰加工与肉鸡苗生产相结合的产业链。2008 年成为肉种鸡养殖行业首家上市公司。

上海金丝猴集团不是第一家做豆干的，但是他们发现豆干市场缺乏领导品牌，各地方品牌占山为王，诸侯割据，非常分散。显然，这是品类市场远未成熟的标志，是实力企业抢做老大的机会。上海金丝猴集团将豆干产品起名为“馋嘴猴”豆干，占据品类最佳的物质卖点资源“筋道”，豆干企业中第一个在中央电视台《新闻联播》黄金时段做了企业广告，一举在消费者的心目中建立起强大的品牌认知，成为豆干行业里第一个率先闯进全国消费者视野的品牌，“馋嘴猴”也成为豆干品类的代表性品牌。

产地与品类资源是稀缺资源，因此，抢占资源必须以快制胜。一旦发现并瞄准这个品类市场，就要下手快，以行业老大的姿态发声，抢先做老大。

一、强者愈强，优势富集，抓住第一品牌的价值

第一品牌是一种稀缺资源，是一种重要的战略性稀缺资源！

“第一”在社会中有着天然的吸引力和公信力，这就是金牌效应。社会的“天平”天然地愿意向第一倾斜，有形的和无形的一股脑儿地全来。政府的支持、银行的偏爱、合作商的信任、消费者的追捧，这些资源大多是自然衍生、无偿使用的。这些“优待”，在经营中就是竞争优势。就是说，你一旦成为老大，就会在社会中得到最多的关注，得到更多的社会信任和支持，拥有最优的软硬环境，在行业中吸引和占用最多的社会资源，获得更多的发展机会。

强者愈强，这是不讲理的老大逻辑！

优势富集，这是做老大的最大价值！

IDG 是国际著名的技术创业投资基金，它的投资总是锦上添花，偏爱老大。中央电视台《赢在中国》第三季总冠军李书文对 IDG 中国区总裁熊晓鸽调侃：IDG 就是爱大哥的意思，所以你们总是热衷投资行业冠军。

高盛公司全球并购负责人杰克·莱维一语道破：“在市场上处于领先地位并拥有主导性的份额是能够持续赢利

的先决条件。”乍一听，这有点因果倒置，其实这是在说强者愈强、优势富集的“老大规律”。

因此，做企业做品牌，在战略目标上就是要做老大。

二、做老大要快速抢做

一个行业一个品类只能有一个老大，老大的资源越来越少，企业家们应该有责任感和紧迫感。

做老大，就是要以品牌占位，以传播称王！

方便粉丝的代表品牌是“白家”，创始者却是光友。白家后来居上，靠的就是抢先做老大、抢先大传播。王老吉也不是第一个做凉茶的，但它是第一个做全国性凉茶品牌的。

营销无真相，消费者只相信他所知道的，而不是事实本身。不要担心你原来是不是，谁率先抢占谁就是老大，谁升起谁就是太阳。传统食品品类、区域特产、饮食习俗等，是做品牌的稀缺资源，每一种品类只有一个老大，所以，必须抓紧抢占，同时还要善于传播。不传播等于没有占位！是老大就要说出来！

一句话，站在地域名品资源的肩膀上创造新品牌，让品牌代表品类中的正宗，这是农产品做品牌的唯一正途！

第三节 文化是金钥匙

一、借助现成的饮食文化资源

中国最大众最广谱的文化其实就是饮食文化。比如：谋生叫糊口，岗位叫饭碗，花积蓄叫吃老本，混得好叫吃得开，女人漂亮叫秀色可餐，受人欢迎叫吃香，受特殊照顾叫吃小灶，不顾他人叫吃独食，受人伤害叫吃亏，嫉妒别人叫吃醋，犹豫不决叫吃不准，负不起责任叫吃不了兜着走，办事不力叫吃干饭！

（一）饮食承载着文化，文化影响着饮食

当我们细心研究那些在全球市场呼风唤雨的强势品牌时不难发现，每一个成功品牌的背后都有源于本土文化精神的力量：美国的创新精神及领导意识，日本的团队精神及危机意识，法国的奢华浪漫及艺术时尚，德国的理性严谨精益求精，韩国的永不言败精神。人们可以透过不同的元素符号来领会其中所表达的文化含义，从而体会到品牌的精神内涵。

今天，当中国走上世界经济的舞台，中国文化也必将发挥出巨大的力量，为中国品牌走向世界奠定自信，承担起融入世界、影响世界的时代使命。当年加多宝凉茶超越可口可乐，成为中国市场的第一罐，其背后正是文化的力量。如果加多宝做一款碳酸饮料，无论如何也做不到现在这样辉煌的市场业绩。

（二）文化是品牌的根基

文化是最独特最差异最难以替代的东西，是深入一个民族骨髓的东西。因此，做有文化的营销，品牌才容易立得住、走得远，品牌力才深厚持久。

农产品从田间地头来到厨房餐桌，要想卖得多卖得好卖得持久，就一定要借助文化的力量，使品牌增值。因此，挖掘、打造、提炼和传播与食品相关的文化价值成为创建品牌的必由之路。

与农产品相关的文化资源包括：消费者认知、消费习惯和饮食习俗，比如食品概念、饮食习俗、口味方法，诸如南甜北咸，中辣西酸就是这种资源，还包括人文历史资源，比如产品传说，名人故事等。

"红烧牛肉"是北方人吃面时所喜欢的传统口味。康师傅牢牢将"红烧牛肉面"与自己的品牌捆绑包装在一起，反复诉求"康师傅，就是这个味儿"，推动康师傅成为方便面行业老大。占据了"红烧牛肉面"这个概念，就相当于满足了方便面中最重要的大众口味诉求。在方便面市场一直处于下风的"统一"，直到推出了代表南方人口味的

“老坛酸菜面”，才在方便面市场扳回一城。

（三）文化还是一种品位

食品品牌的内涵往往不是科技，而是文化。文化可以让人的第一大本能活动——“吃”具有多样的意义。

我国广袤的地域，五千年文明发展史，创造了文化历史积淀深厚的美食，留下了许许多多与饮食有关的趣味故事和历史名人，沉淀在美食中，沉淀在食客脑海中。让农产品品牌与饮食文化相连，将大大增强品牌的价值。发现、发掘和培育饮食文化，是餐桌食品品牌价值打造的重要方法。

（四）文化是一种传统与经典

传统与经典的工艺是一个区域名品的独家绝技，直接影响着产品的质量、风味，正宗也体现在这里。深入挖掘提炼这个内涵，传播出来，以品牌浸润这个价值，会让对手望尘莫及。乌江榨菜率先提炼传播出“三清三洗”“三腌三榨”传统工艺，让乌江榨菜从涪陵榨菜堆儿里脱颖而出。本来是许多企业都采用的大同小异的传统工艺，经乌江榨菜率先提炼和传播，使乌江榨菜成为传统中的经典，品类中的代表。

日本著名的“男前豆腐”，只选用价格高出一般原料四倍的北海道大豆和特殊的冲绳苦汁制作。北海道大豆由于地理气候条件好，品质优良，是日本大豆中的精品，每千克售价约 600 日元。冲绳苦汁则是一种由海水提炼而成的豆腐凝结剂，由于其中含有更高的矿物质，用它做出的豆腐比一般的豆腐更韧，烹饪时不易碎，而且营养丰富，别有风味。这是“男前豆腐”高品质秘密的核心所在。

中国饮食文化源远流长，极为丰富，像一座宝库，取之不尽，用之不竭。但是就每一种产品来说，这种资源又常常是一对一关联，是稀缺的，所以，必须倍加珍惜。

二、用创意文化拉动品牌营销

所谓品牌产品，一定不是仅仅停留在物质层面的东西，一定具有更多的精神情感层面的内涵。围绕产品及品牌的核心价值进行文化上的创意开发，在文化娱乐等领域延伸，从而使物质的产品与精神的产品互相促进，价值放大，这是品牌产品让人产生美好联想的魅力所在。

（一）将品牌符号物化

将品牌符号物化，就是将品牌符号等相关元素设计成易记的图形、好玩的物件。日本“男前豆腐”的掌门人伊藤信吾没有就豆腐卖豆腐，在他看来，“男前豆腐”简直就是一个时尚品。他模拟“男前豆腐”的形状做成手机挂饰，把“男前豆腐”的包装缩小比例制成手机挂饰。在“男前豆腐”强大的品牌影响下，“男前”手机链也成了热销产品，这些饰品又反过来成为豆腐店强大的品牌传播系统，相辅相成。

（二）将农事节日化、娱乐化

让营销穿上文化的外衣，创意举办以农事为由头的节庆文化活动，可以大大提升整个产区的知名度、影响力和美誉度，比如大兴西瓜节、安吉白茶节、马家沟芹菜节等。

在节日里，通过行业论坛、产品推介、文娱表演、比赛评选、参观体验、销售促销等一系列活动，对产品和品牌进行塑造、宣传和提升。

（三）将生产经营活动礼仪化、程式化

将企业有特色的重大生产经营活动（或者是策划出来的）礼仪化、程式化，也是挖掘传统文化、塑造品牌内核、传播品牌形象的好载体。中国白酒、茶叶等企业更适合运用这种方法。如国窖 1573、孔府家举行的封藏大典等。

（四）将创意形成创意产业链

中国台湾省“梅之乡”信义乡的青梅产业，已由原来的单纯农业种植，发展成为种植业、农产品加工业、休闲观光业和文化创意产业紧密关联的新兴产业链。

信义乡让梅子变成了会说话的梅子。比如将梅子系列产品叫作“酸甜姐妹花”“青梅竹马”“半路店”、“忘记回家”，每个品牌都向消费者讲述着不同的故事，使品牌具有了生命力；信义乡农会还通过举办“梅子节”，打造“梅子梦工厂园区”，开展“踏雪寻梅”“守护台湾梅”“制梅DIY”等系列休闲观光活动，延伸产业链，增加农业的附加值；他们还进一步把产业延伸到虚拟世界，将产品形象创意成动漫作品，像《飞鼠请假》《酸甜姐妹花》等，将实体产业延伸到了虚拟创意产业，使口舌香甜的物质享受与童话意境般的精神享受交融在一起，消费者在产品和创意两个世界中流连忘返。

如今，企业对文化在品牌营销作用上的认识越来越深，立顿品牌文化社区的建立，康师傅建设面食博物馆，仲景创立山珍博物馆，都是食品企业在品类文化的根基上所做的文章，抢占和夯实饮食文化这个战略根基，为未来的发展储备后劲。一句话，文化是软实力，文化是金钥匙。

第四节　好品质要与众不同

差异化是品牌营销的根本法则。有差异的产品才更有营销价值，才更容易获得消费者青睐，才更容易做成品牌，才能卖高价。可是，出自田间牧场的农产品天生就是高度均质、弱差异的产品。

面对高度均质类产品怎么办？将内在品质差异化、外在化！

美国营销界有一个著名的案例：为了让自己出售的鸡与众不同，普渡先生先对鸡进行了改良，他用生物杂交以及使用特殊的饲料等，使得他的鸡不但品种上与其他鸡不同，重要的是鸡皮和平常看到的鸡不一样，变成了金黄色。在加工环节，比别的企业更加讲究极致，通过专门设计的风洞解决了困扰顾客的残留鸡毛问题。另外，普渡先生还优化销售环节，相对于其他冻鸡产品，他的鸡肉直接通过冷藏车运输，当送到零售商手中时还是新鲜的。通过这些方法，一眼就可以将普渡先生的鸡与其他产品区分开来，深受客户青睐。鸡的营养价值提高多少不是不重要，最重要的是实现了差异的外在化，好产品看得出来！

内在品质外在化、差异化有以下方法。

一、从种养方式和品种改良入手，在产品上制造不同

特别的品种有的会带有独特的外在差异性，这是这类地域特产备受消费者追捧的原因之一，甚至为此津津乐道。营销者要擅于将这些产品独特的差异性与品牌相连，使之成为自己品牌的特征，像标志标签一样成为消费者辨识这个品牌的依据。

从种养方式和品种改良入手，在产品上制造不同，这对于加工程度较低的生鲜类产品做品牌尤为重要。近年出现的水果玉米、紫色红薯、云南红色梨等产品，因为极具特色，非常吸引消费者关注，与普通产品容易区隔，显著提高了附加值。

同样是猕猴桃，新西兰从中国引种后，对原先口味偏酸的绿色果肉猕猴桃进行了改良，推出了口味偏甜的黄色果肉的全新品种——黄金奇异果。目前新西兰佳沛国际奇异果每年产量约达 8000 万箱，99% 出口至全球近 70 个国家和地区，占全球市场份额的 28%，远远超过奇异果的故乡中国的出口量。

日本神户牛肉不但从特殊牛种中精挑细选，而且制定了严格的养殖标准，脂肪和红肉均匀分布的大理石纹，成为神户牛肉的标志性特质。

获得国际风味暨品质评鉴所(iTQi)“顶级美味奖章”的日本“金芽米”，它的美味极其出众，最难得的是，从外观就可以看到其中心金色的胚芽，“均压精米法”和“BG无洗米加工法”等独特的加工工艺，更好地保留了金色的胚芽。“金芽”这一独特特征，突破了稻米差异化的最大难点和瓶颈，打破了越光大米在日本一统天下的局面。

烟草大王褚时健种的橙子，外表并不起眼，拳头大小，表皮还略带青色，甚至还没有街头普通水果摊的卖相好。可是一口下去，让你立刻感觉到它汁甜肉厚，从来没有过的享受，6元一个仍然供不应求。褚时健也成了“橙子大王”。

这里谈的内在品质差异化、外在化，是专门针对农产品尤其是低加工的生鲜农产品天生的弱差异而特别强调的，绝对不是否认内在品质对于品牌的重要性。

二、挖掘提炼产品和品牌价值并加以传播

农产品市场是一个天生高度同质化的市场，同类产品看起来彼此差不多，这就是前面说的“高度均质”问题。如果产品本身的差异化不足，那么可以在产品和品牌价值上做差异化，用不同的价值彰显不同。

优秀品牌为什么能够产生差异？为什么可以让原本相似的产品显示出不同，继而能够支持高价？答案是：品牌内有价值，外有形象！所以，做品牌简单地说只有两件事，一是做实品牌的里子，二是做足品牌的面子，即：内做价

值，外塑形象。

品牌如人，有内涵上的东西，诸如思想、情感、品位等；还有外表上的东西，相貌、身材、衣着等。只有内涵丰富、充实，外表反映内涵，光鲜、引人瞩目，才是优秀的品牌、成功的品牌，才拥有在市场立足的本钱。

经常有企业这样倾诉：我的产品明明比别人家的好，可是就是卖不出好价钱。许多企业的产品还是出口产品，标准比国内高很多，可是放在国内就是卖不上价；还有企业陷入了这样的苦恼，好不容易找到一个好产品，可是没等赚多少钱，同类产品就多了起来，结果价格越做越低，大家谁都没钱赚。这些问题大多因为品牌价值不足，至少让消费者看起来不值那么多钱。

产品，除了直观可感的物理属性的有形价值之外，还有许多看不见的无形价值，无形价值与有形产品的有形价值，共同构成品牌价值。许多营销者往往对无形价值重视不够。

无形价值这种东西有时好像看不见、摸不着，但确确实实能够感觉到，对品牌力的形成和销售的达成起着极为重要的作用。只要稍微想一想，卖得贵的品牌都有实实在在的价值。比如茅台酒，无论茅台镇上有多少品牌的酒在酒体上做得多么像茅台，都无法替代茅台第一国酒的地位，因为除了茅台独特的工艺，众多关于它的传奇故事，以及它在外事宴会上与各国领袖的渊源是茅台所独有的，是其他酒品牌无论如何也造不出来的。这就是无形价值的力量。

盛产大桃的北京平谷，挖掘桃子本身吉祥长寿的文化内涵，通过并不复杂的技术让桃子长成寿星的模样，一个卖到 100 元的高价。

做价值是做品牌的内功，价值不高的品牌，因为没有实际内容，也就没有内在的销售动力。许多企业做品牌，注重知名度，注重大传播，但是没有重视传播什么，做了大量的表面文章，广告、包装、招贴都做了，看起来光鲜热闹，一放在市场里，没有自我内在的销售力量。说到底，是没有搞明白品牌是什么，品牌里面应该有什么东西，怎样往品牌里放东西。

第五节 好包装彰显价值

俗话说得好："人靠衣装，佛靠金装。"当农产品品牌完成了产品和品牌价值的策划与构建，就像一个人有内涵，有了底气。但是光有这些还不够，还要设法让产品和品牌在外在形象上表现出来，用外在形象彰显和提升内在价值，即内在品质外在化，外在形象品质化、差异化，这就是品牌和产品形象的塑造。

产品和品牌的外在形象要准确地反映产品的内涵，为品牌加分而不能相反。

外在形象的品质化和差异化主要有以下手段。

一、创意建立品牌识别符号

符号，因为识别性强，容易记忆和传播，是产品品牌形象最集中、最有标志性的代表。我们一看到黄色的大M、马戏团小丑就会想到麦当劳，一看见蓝瓶就想到三精。

这种符号可能是人物，如"薯与我"的薯片超人；可能是图形，如“渔悦”的水环、“南方黑芝麻糊”爱心杯的红色心形杯盖。可能是声音、图形、味道，等等，比如仲景香菇酱的《采蘑菇的小姑娘》音乐、南方黑芝麻经典的吆喝声；还可能是公共资源，像金龙鱼品牌金龙鱼图像等。总之，一个品牌要创建属于自己的个性识别标签。

二、选准品牌代言人，做正确的广告

请名人做品牌代言人，借名人的声望为新兴品牌快速建立知名度，建立消费者对产品品质的信赖，彰显企业实力，尤其是在农业产业中至今仍然是快捷有效的方法。品牌代言人是品牌形象的一部分，代言人的形象、品位、定位和价值取向等，直接影响着品牌形象的形成，影响消费者对他所代言品牌的好恶。

同理，广告也是一样。广告是产品和品牌信息的“传声筒”，是企业的“介绍信”，是产品销售的“敲门砖”。许多时候，消费者第一次接触的不是产品，而是广告，广告就是产品的另一张脸，是企业的一扇窗。

因此，无论是选择品牌代言人，还是拍摄发布广告，都要与产品和品牌的定位保持一致，于提升品牌形象、建立品牌美誉有利有益。

请什么人代言，做什么内容和风格的广告？一个最重要的原则是适合的才是最好的。

诞生在“天下第一秀水”千岛湖的“淳”牌有机鱼，不仅启用了品牌代言人策略，而且还运用了虚拟卡通形象和真人相结合的“双重代言”。

2005年，设计师从千岛湖有机鱼鲜明的头部造型获得灵感，创造出了线条流畅、轮廓饱满的拟人鱼形象，命名为“淳淳”。“淳淳”身上有着清爽的蓝色，显示着充沛的活力，寓示着“淳”牌天然有机的定位，胸前挂着金牌，头上戴着高高的厨师帽，握着一只大汤匙，暗示着“淳”牌有机鱼为中国有机鱼第一品牌。

2009年，“淳”牌企业聘请中国烹饪协会副会长、中国烹饪协会名厨专业委员会主任、中国烹饪大师、中央电视台美食栏目顾问高炳义为代言人。“淳”牌有机鱼能够得到国家顶级烹饪大师的推荐，无疑是对“淳”牌企业实力和“淳”产品质量的信任（包括鱼味馆的烹饪水准）。高炳义大师的权威性、公信力与影响力，对“淳”牌产品和品牌实现了再度提升，使其品牌含金量倍增，充分昭示了“淳”牌在业内的领先地位。

中国出口虾的龙头企业国联水产，转战国内市场后如何快速组建团队、创立品牌、建立销售渠道和终端市场的知名度？国联水产聘请周华健担纲品牌形象大使，这是国联水产的最佳选择。周华健健康、稳重的形象，较高的知名度与国联水产在虾产品上定位和形象珠联璧合，浑然天成。事实证明，由于周华健的加盟，对树立国联产品高品质国际化的品牌形象，以及招商建网起到了有力的推动作用。

三、好包装彰显价值和差异

好包装自己会说话！好包装让人一见倾心！好包装自己会卖货！

目前许多农产品有的“裸奔”，有的包装简陋土气。很多非常有特色的产品只用塑料袋或者瓦楞纸箱包一下，或用塑料编织袋包装，几十千克一件，非常不用心，完全体现不出产品和品牌的价值、差异和内涵，无法吸引目标消费群的眼球。这实际上是对品牌形象的不负责，是对产品销售的不负责。

“人凭一张嘴，货卖一张皮”，千年古语可能有些极端，但是，其中的道理我们必须深刻领悟。包装，绝不仅仅是保护产品不受损失的一个美丽“外衣”，它承载着重要的营销责任。它是差异化的载体，因为许多优质农产品没有明显的外观特征，那么，包装就成为产品与消费者面对面沟通交流的第一媒介，它是决定交易能否成功的“临门一脚”。

消费者是感性的，越是新产品新品牌，消费者越是凭借外在的和主观的第一印象做判断。精美地、恰当地反映产品内在价值的包装能够打破传统农产品价格低廉的印象，使得农产品具有更高的附加值，更具竞争力。因此，包装绝对不是包装本身的问题，农产品企业必须从品牌定位与营销传播的高度，制定包装策略，指导设计方案。

众多农业产业化企业打造品牌，实现价值增值，积累了大批成功案例，下面我们从品牌营销实践中总结出用包装提升农产品品牌与销量的四大趋势。

趋势一：包装功效媒体化——说到，更让人看到

包装是一种重要的终端传播媒体，而且是免费媒体，经过精心设计、匹配功效化的文字与图像，兼具“观赏性”和“促销功用”。“观赏性”解决“吸引力”的问题，引起消费者的好奇心和阅读欲，“促销功用”解决产品“说服力”问题，促使消费者产生购买冲动，这是“包装功效媒体化”的真正意义所在。

趋势二：包装国际背景化——紧跟潮流，与时俱进

外来的和尚会念经（尤其在农业食品领域），包装也一样。消费者一般会青睐“洋”味包装，给其以高档安全可信赖的感觉。“包装国际背景化”要求包装从内容到形式追求国外包装的调性及设计手法，字体和图案简约大方，材质用料绿色环保。

“克拉古斯”是“中华老字号”，在沈阳及周边的东北市场可谓大名鼎鼎。这家企业有着深厚的俄罗斯渊源，“克拉古斯”在俄语中就是“大香肠”的意思，品牌标识以创始人克拉古斯兄弟肖像为视觉主体，采用插画式表现手法，增加了生动性，再现俄式背景及食品属性。标准字体则采用汉字哥特体的结合形式，使其看上去更加庄重、硬朗。包装风格采用风格画大师蒙德里安的板块分割的表现手法，在一个块面空间里体现相对多的内容，手绘老街景既强调出品牌俄式背景，又体现老沈阳品类个性。用历史销售今天，用底蕴夯实台面，最终传递出本产品是“源自俄罗斯的美味传奇”这一不可替代的品牌基因。

洋为中用，不生硬，不照搬，把东西方文化融为一体是关键。先学习，后创新，只有这样才能设计出具有中国特色的国际化包装精品。

趋势三：包装整合系列化——共性与个性协调统一

包装的系列化设计，是指一个企业对自己同一种类不同品种的产品，采用统一而又有变化的包装设计。

系列化的包装在布局结构上具有统一性，然后根据不同产品的特性，在特定的同一位置进行色相、纯度、明度的变化。和谐中有差异，统一中有变化，使包装在传播信息中做到了整合一致。

宛西仲景香菇酱六大系列产品在终端货架一字排开，既强调了产品的家族化，也兼顾了不同口味的个性化。产品家族均以白色为主色调，使其完成共性的使命，每个包装上印不同的色圆来区分口味，强调个性。麻辣的红色、原味的绿色，等等。

趋势四：包装复古经典化——新传统，新古典

把传统文化元素融入现代包装设计当中，是包装设计的趋势之一。

将怀古的文化元素与现代人对生活的需求相结合，透过现代工艺、材质、设计手法，再现出传统的历史痕迹与浑厚的文化底蕴，使包装产生既传统又现代的双重审美效果。不是简单的复古，更不是仿古，而是以古典的意去彰显现代的形，这样的包装才不会落入俗套。

吴裕泰，百年老字号茶庄，北京最具影响力的茶庄品牌之一。其礼品包装设计时，突破传统，将新传统概念融入包装当中。挥洒即兴的泼墨荷塘是视觉的主题，遒劲有力的书法是信息的传达，配以中国传统建筑月亮门，通过剪纸镂空工艺，使包装表达传统文化的同时彰显时代的质感。

包装不仅是保护和携带产品的“容器”，还必须拥有品牌识别功能，形象提升功能，卖点诉求功能，价值增值功能，这是市场竞争中的一大重要手段，如果放弃不用，实在可惜。

四、利用新型产业模式创造差异，利用终端设计塑造形象

构建新型的产业模式，使经营业态从单一的种养售卖转向多产业打通形成价值链，对消费者有着特殊的吸引力。如中国台湾“梅子梦工厂”从原来新鲜梅子的生产与销售这种传统农业的生产经营方式，转向农业、工业、观光服务、文化创意四大产业体系高度融合的产业集成模式，实现了农业、加工业和休闲观光业的联动发展。

渠道终端是提升形象、彰显差异的重要手段，要用心选择。

不同的渠道和终端吸引不同的消费群。一般来说，进入现代零售渠道，如大型连锁卖场、超市、品牌连锁便利店等，的确能够提升产品形象，扩大品牌影响力。但是，这些渠道门槛较高，费用高，限制多，对许多农产品来说并不一定是优先渠道。

专业的渠道和终端是销售高档农产品的另一种选择，如乐活城、禾心有机健康生活馆等，在这里能够实现与高端消费人群的直接对接。

此外还可以自建终端，开设专营连锁店。

在渠道上“借鸡生蛋”，是农产品企业走向市场的另一种好的渠道方法。

本质上，中国商业仍旧是“渠道为王”，因为只有依靠渠道的分销力量，才能让产品和品牌最大限度地接近目标消费者。渠道的差异与创新的核心是，瞄准消费者。

同理，蜂蜜制品专卖店网络，也可以同时销售其他特色农产品，以此来摊销成本。

一些高端农产品借助酒店、商务会所、俱乐部、机场、饭店、美容院、烟酒专卖店等渠道进行营销推广，也不失为一种好方法。

第六节　成为标准制定者

这里说的标准分两种。一种标准是国标体系，另一种标准是消费者评判标准。对待上述两种标准，还可以区分为两种层次或者说境界：一是被动标准，二是主动营销标准。

在品类或者行业中，创建领先或者独特的品类或者行业标准，引领行业，甚至引导国家标准的形成，取得先手，让竞争对手沦为跟进者、模仿者，或者为消费者树立一个评判产品的“主观”标准，从而在消费者购买决策时提供依据，这是在农产品市场抢市场、做老大、做品牌的有效法则。

如上所述，农产品做品牌的难点之一就是“高度均质难差异”，非深加工产品从土地里生长出来，品质好坏极难分辨，看起来差不多。如果你想抢市场、做老大、做品牌，就应该在产品标准上、在工艺标准上推陈出新，创建或者重树品类行业标准，引领行业，做品类老大。

一、国标体系

（一）第一个阶段：创建企业标准阶段

提起秦始皇最伟大的成就，人们往往最先想到是统一中国，而国家一统后一项重要政令是统一度量衡。度量衡统一促进了经济发展和国力强大！

农产品中的许多品类，由于种种原因标准缺位，又或是创新性的产品，比如慈生堂推出的“结晶蜂蜜”，不可能有现成的标准。在这个市场里从某种意义讲，抢市场就是抢标准。你是新市场新产品新品类的开创者，就要抢先创立行业标准，让后来者和模仿者面临标准壁垒。

标准的形成不在于你的技术有多高级，原创也不是关键，比技术和原创更重要的是更多的人的承认、应用与市场的认同！当你的产品某些特征成为事实上的标准之后，其力量比法律还要强大！统一鲜橙多定义了低浓度果汁的果汁含量标准（10%），于是大家都与它保持着一致；加多宝定义了罐装凉茶的口味“标准”，后来者也不得不说自己口味与之一样（他不敢有不同，有差别意味着不正宗）。

抢先树立标准，除了能够促进企业标准成为国家标准外，最主要的作用是，通过抢先树立标准，擎起行业大旗，引领行业走向，同时在消费者心中抢注领导者形象。

（二）第二个阶段：促进国标制定阶段

行业或者品类发展到一定阶段，行业必将规范，国家标准随之出台。国家标准凭什么制定？参照国际标准，结合国内实际，是国内企业所能达到的比较高的标准。不用说，标准的制定对行业内的领先企业更加有利。领先企业因为领先，有条件参与甚至可以主导行业标准的制定，让原来自己的企业标准成为国家标准。

（三）第三个阶段：超越国标，营销企业标准

国标是企业必须执行的最低标准，达到国标并不是什么值得炫耀的事。然而，现实中的大多数企业却将其视作最高标准来执行，他们将国标的门槛当成“免死金牌”，一股脑儿地在低端低质市场压成本、拼价格，从来不去尝试用高标准、高品质、高价格赢得市场。这恰恰是机会！当大家以达到国标为荣时，你“甩掉”国标，营销企业的高标准。

国联水产作为常年出口欧美的世界级品质认证企业，内地唯一供港活虾企业，一直执行的是世界级最高标准，有着全程可追溯的产品质量监控体系，这是转战国内市场的优势，是纯粹内销企业所不具备的。国联水产在打造品牌形象时把生产标准作为品牌的差异优势传播出去，并以此世界标准作为品牌诉求和价值支撑。国联水产的高标准成为竞争对手望而生畏的竞争壁垒，极大迎合了消费者对生态、安全、新鲜的诉求。

慈生堂在蜂蜜行业引领了高标准潮流，在国内仅有31项标准的情况下，以超过“欧盟标准”的88项检测指标让业内外人士称道，其产品也自然而然被贴上了高品质的标签，成为消费者的首选。

差异化是竞争的第一大法宝。如今，许多产品的低标准备受诟病，食品安全事件频出，消费者内心呼唤着高标

准高品质的食品，高标准就是最有效的差异化！

谁第一个用领先的标准生产高品质的产品，谁就能赢得广大消费者的信赖，就能在信任危机四伏的市场独占鳌头。

二、消费者评判标准

除了依托国标的营销手法之外，企业还有主动作为的空间，这就是主动营销消费者评判标准，我们称它为“黄金标准”。

对于许多事物好坏的评判，许多时候大家心里存在一个公认的黄金标准。比如，说一个优秀教师，大家共识的标准是知识丰富、专业精通、寓教于乐、富有爱心。

黄金标准是消费者最想要的、最理想的东西（事实上真实的产品也许难以做到），谁占据了这个标准，谁就成为最优秀、最可依赖的标杆式品牌，挑战者难以超越。

美国有一种婴儿速溶奶粉，以“酷似母乳”为标准，短短数月，销量增加 50%。

许多企业已经在利用这个规律，在消费者心目中抢注黄金标准，这个标准虽然进不了国标体系，但是往往更为消费者所重视，如最好的榨菜——乌江榨菜。

某种意义上说，知识产权比知识本身重要，技术标准比技术本身重要，拥有消费者心中标准比实际标准重要。拥有标准，就有话语权，就有主动权，也拥有更强的竞争力。

如果你是创新者，请放开手脚大胆创新，创意出与众不同的标准，大张旗鼓地宣传这一标准，把这个创意出来的标准做到消费者心里。

仲景大厨房利用西峡特产香菇，推出新品类香菇酱。品类开创者如何享用蓝海市场，打造抵御模仿、跟进者的防火墙？办法是做标准。

研究发现，仲景香菇酱每瓶含有300粒以上的香菇和不下30种营养成分，于是，带着“标准”的价值诉求浮出水面：300粒香菇，21种营养！跟随者望而生叹。这个标准像“乐百氏二十七层”净化一样经典，后来者即便说“二十八层净化”也无济于事。

南方黑芝麻糊“一直被模仿，从未被超越”，为什么？黑芝麻原产地、生态种植、选材标准南方黑芝麻集团都有极为严苛的要求，再经过三度精选，保证每一粒黑芝麻的黑色度、饱满度和蛋白值符合标准，这样生产出来的产品才具有黑芝麻的原生滋养和原生浓香特质。南方黑芝麻集团在种植、选材、制作上形成了对手难以攻克的竞争壁垒。

阳澄湖大闸蟹的品类标准和标志在哪里？防伪蟹扣是大闸蟹之外的东西，是靠不住的，只有把力量投入到产品本身的差异化上才是正路，这需要科技人员和养殖户共同研究、挖掘、提炼、放大和传播。

标准，从竞争角度看，是一种领先的、先下手为强的竞争策略；从管理角度看，是一种规范的引领行业升级的力量；从消费者角度看，是一种价值，是消费者选择产品的依据。

无论是在全行业没有标准时抢先树立企业标准，还是在国家制定标准时主动影响国标的形成，抑或在已经有国标的情况下，“甩开”国标，营销高于国标的企业标准乃至营销消费者感兴趣的“主观”标准，都是市场领先者可以考虑采用的竞争利器。

第七节 跨界创新

创新与突破，说起来容易做起来难，难在没有思路和方法，杂交思维为我们提供了一种全新的思维方式。

一、什么叫杂交创新

杂交创新，即“跳出行业看行业、跳出产品看产品”，打破各种观念束缚，颠覆一切传统甚至是经典的营销思维和模式，大胆借鉴、叠加、互补和融合其他行业的优秀思想、资源、技术、模式和方法，从而催生出全新的产业、品类（产品）或者营销思路，获得竞争优势，实现突破创新。杂交思维是一种创新的思维方法，从中国特色社会主义市场经济，到袁隆平的杂交水稻，再到层出不穷的市场跨界，无不闪烁着杂交思维的智慧光芒。

为什么蒙牛酸酸乳捆绑“超女”能够“疯”起来？这个成功不是简单的一项赞助的成功，而是杂交营销的成功！

蒙牛的策划者打破了过去所有娱乐文化和营销行为的思想边框和不可能，在捆绑“超女”的过程中，在产品中和传播活动中植入了大量的目标人群所喜爱的时尚化、娱乐化元素，充分激起了他们的潜欲望和潜激情，这时，你很难分清这是产品营销还是娱乐活动，产品与“超女”充分融为了一体。所以，在“超女”火起来的同时，“酸酸乳”火了。

二、农产品品牌营销最需要杂交创新

中国农产品营销、农产品品牌的创建最需要杂交创新，因为许多农产品从原生态走向现代市场无例可循，许多涉农企业第一次踏入高度竞争的现代市场，有的企业营销观念模式陈旧，有的企业完全从零做起，没有成熟的模式和经验，这个行业的特殊性决定了更加需要杂交创新。

三、杂交创新的两大类型

第一个类型是不同行业间的互动、借鉴与合作。

比如“淳”牌有机鱼与酒店合作，实行独创的专卖政策，将“有机活鱼、烹饪方式和专用砂锅瓷盘”成套配送给高档酒店，满足“淳”牌要求的酒店才有资格购销“淳”牌有机鱼。这种类型通过两个不同行业（企业）的联合，在平台、渠道、客户群、产品、促销等层面和环节展开合作，产生 1+1>2 的叠加放大效应。合作双方是平等的，是双赢。这与一方拿另一方的产品作赠品完全不同。

可口可乐（中国）公司与当时拥有4.6亿在线生活QQ族的腾讯科技结成伙伴，腾讯帮助可口可乐icoke网站全面升级为运用3D形象的在线社区，并为可口可乐代言人特制3DQQ秀酷爽造型。千万瓶带着腾讯网LOGO的可口可乐流入市场，这是当今典型的饮料、网络、时尚“三栖”整合营销。

另一个类型是将不同行业间的营销要素整合进来，为我所用，改良产品或者其他营销要素的DNA，使它产生变异，创造出几何倍增效应，从而产生巨大的营销能量。

比如雅客V9和果维康VC含片，食品功能化与功能食品化，你中有我，我中有你。杂交变异后的产品与原来大不一样了，显现出更为强劲的优势基因，比如哈根达斯入乡随俗，创造出“月饼冰激凌”；国联水产借鉴速冻水饺经验，请名厨研制成功中国第一款速食“水煮虾”。不懂厨艺或者没有时间下厨房的人，只需把“水煮虾”下锅煮5分钟，就能享受到五星大厨级的美味。

一提起立顿，中国茶企和懂茶人总是一副不屑的样子，说立顿的茶不算茶，不正宗。如果从杂交创新的角度看，中国茶企的问题恰恰出在这里，创新不足就是中国茶企走不快做不大的桎梏！立顿卖茶，正是因为它的杂交创新，才在世界市场走出了大“钱”途！

立顿把原来工具繁多冲泡麻烦的“慢消”过程，变成了即冲即饮干净省时的“快消”过程，把传统品类（龙井、乌龙）分档次的“专业”式的消费变成了全新时尚品类（两种冰茶、八种奶茶、六种花草茶）统一级别的大众式消费；把繁复和传统变成了简约和时尚。立顿对茶的分类、对饮茶消费的认知和引导，全是杂交的，开创出一个全球产值数百亿美元的巨大市场。

口香糖与枣杂交在一起，有了“好想你”枣片。“好想你”的渠道也是杂交创新的，它在名烟名酒店上架，在星级酒店里的精品超市铺货。最具创新性的是，在全国开设“好想你”连锁专卖店，开创了农产品品牌终端连锁运营的先河。

如果说第一种在不同行业间的互动与合作是量变，那么第二种在不同行业间营销要素的整合就是质变，是更加彻底的创新，其价值往往更大。

第八节　脱离初级，深加工打入深度市场

农产品市场是个天生高度同质化的市场，常见的产品的产品价值和附加值都低，越是生鲜食品，同质化越是严重。常规的想法是，这样的产品放到市场里唯一可以拼的只有价格了，结果，谁也卖不出好价钱。

怎么办？对产品进行深加工，改变产品原始形态，大幅度提升产品的附加价值，使原来相同的产品变得彻底与众不同。

农产品做品牌的难度与加工深度成反比，即随着加工程度越来越深，做品牌的难度逐渐降低。冷鲜肉做品牌的难度很大，可是把鲜肉深加工做成火腿肠，做品牌就相对容易得多；同样，新鲜的蔬菜水果做品牌的难度很大，经过深加工后，蔬菜水果罐头、果蔬片做品牌就相对容易一些。事实确实如此，火腿肠的品牌早于冷鲜肉，蔬菜水果罐头品牌更是很早就出现了。

差异化是品牌营销的本质，深加工正是产品差异化、增值化的“魔术师”。深加工可以大大增加农产品食用的

方便、卫生程度，易贮存和运输，这些增值在消费者的需求上找到了落脚点。

卖辣椒不赚钱怎么办？对其深加工，从红辣椒中提取辣椒红色素、辣椒精、辣椒籽油、辣椒碱，使其大大增值。河北晨光生物科技集团股份有限公司就是其中的佼佼者。每千克鲜辣椒价格约为 1.2 元；晒制成干辣椒后，收购价格约为每千克 5 元；把每千克干辣椒制成辣椒酱，市场价格最高也不过 10 元左右。当同样的辣椒，换成深加工方法，得到的是令人振奋的新答案：每千克干辣椒中可以提取辣椒红色素 40 克、辣椒精 10 克、辣椒籽油 60 克，还可以提取辣椒碱，剩余的椒粕和籽粕等下脚料作饲料卖。这样一来，每千克干辣椒能增值到 35 元，是干辣椒价值的整整 7 倍！这就是晨光公司的增值“魔棒”。晨光公司掌控着全球辣椒红色素 55% 的市场，为世界染上“中国红”，也引领着曲周从“世界天然色素之都”到“世界天然提取物基地”的新跨越。

因“好想你”枣片而闻名全国的好想你健康食品股份有限公司，也是典型的通过深加工农产品而崛起的农业产业化企业。

新郑是传统红枣产区，有“中国红枣之乡”的美誉。新郑大枣以其皮薄、肉厚、核小、味甜备受人们青睐。但是，大自然赐给新郑的优质产品并没有给这里的老百姓带来富裕。“孟庄孟庄，到处沙岗，粮食不够，种枣喝汤”，这段顺口溜在公司创办人石聚彬出生的新郑孟庄镇世代流传。

善于思索的石聚彬悟出的大枣好吃不赚钱的原因是，不宜保鲜运输，产品单一、缺乏品牌等。必须对红枣进行深加工，红枣之乡的特色经济才能转化为致富经济。

他多次请教专家，无数次跑市场。1993 年，他针对南方人喜欢吃无核枣养生的消费习惯，以鸡心枣为原料，研制出系列保健产品：鸡心人参枣、鸡心山楂枣、蜜饯无核枣，产品一投放市场，就供不应求，当年创利税 30 万元，抵得上他 10 年贩枣的销售额总和。

尝到甜头的石聚彬一发而不可收，“红枣醋饮”“红枣神茶”“红枣粉”“健康红”“枣博士”“枣片”等十多个系列、二百多个深加工产品问世，其中诞生了许多经典产品。经过严格的清洗、灭菌、沸腾干燥制成的红枣粉冲剂，既完整保留了红枣的原有风味和营养成分，又便于消化吸收，被人们誉为“东方咖啡”；口香糖式包装的枣片，口味酸甜耐嚼，营养丰富，又没有口香糖易留下污渍粘连地面的缺陷，受到女士、儿童、老年人的喜爱；红色包装的“红枣露”，其实是用枣核煮成的，变废为宝，味道酸甜清淡。

好想你健康食品股份有限公司营收年均增长率保持在 50%~80%，疯狂吃下国内 40% 的市场份额。红枣只要到了这里，就会魔术般地增值十几倍。

这就是深加工的魔力。事实上，南方黑芝麻糊、仲景香菇酱、六个核桃、露露、椰树、盛德泰姜茶、福娃糙米卷、谷之爱小米粉等，以及现在我们常见的大规模工业化生产的饼干、蛋糕、方便面、罐头、火腿肠等，全是深加工的产物。

深加工，是把产品变得不一样了，不一样才有可能卖高价。当然，深加工不能绝对化，不能因为生鲜产品难做品牌，就统统做成罐头，这叫矫枉过正。如果把水果全部变成了水果罐头，就走到了市场需求的反面。

第九章

爆款新品开发要点

第一节 核心产品才有核心竞争力

一个伟大的企业之所以伟大，是因为拥有一个或者数个卓越的产品，原来我们常称之为“明星产品”“核心产品”，这是具有战略价值的明星产品，因为企业命运主要由它们决定。娃哈哈营养快线卖了 180 亿元，绝对是“明星产品”。可口可乐公司的可口可乐、雪碧、美汁源果粒橙；雀巢公司的速溶咖啡、奶粉、瓶装水；卡夫公司的麦斯威尔咖啡、果珍、奥利奥饼干；顶新集团的康师傅方便面；双汇集团的“王中王”火腿肠；加多宝集团的加多宝凉茶……都是如此。

有没有核心明星产品，产品在市场上表现如何，直接影响着企业的兴衰与未来。生产糖果的雅客（中国）有限公司原来有数千个单品，但企业业绩一直不佳，直到“雅客 V9”横空出世，企业的格局才开始改观。华龙集团的华龙面曾经只代表低端，进不了城市上不了台面。新产品今麦郎弹面的出世，一举打破了康师傅、统一等巨头雄霸城市市场的局面，华龙由此完成了品牌的时尚化升级和进军城市市场的战略转型。

持续成功的企业，都是高度重视明星产品的企业。娃哈哈创始人宗庆后说，“没有疲软的市场，只有疲软的产品。我一直坚信企业赢利要靠产品去驱动。”

可惜，像宗庆后这样认识产品、重视产品的企业家并不多，许多企业对产品有两种错误认识。

一种是认为产品越多越好。这些企业的成功观就是撒大网，撞大运，网大好捕鱼，东方不亮西方亮。

每当我们走进企业的展厅、仓库，产品种类多得目不暇接，少则几十，多则上百，甚至跨行业产品都有。看似琳琅满目，实则没有明星产品，没有代表企业的战略产品。一款产品一年下来销售只有几十万、上百万元，根本谈不上打市场、做品牌！

这类企业的典型特征是：产品多而不精，企业散而不强。企业越小，产品越多，想法越多。

产品越多越好显然是个巨大的错误。据统计，世界 500 强企业中，单项产品销售额占总销售额 95% 以上的有 140 家，占 500 强总数的 28%；主导产品销售额占总销售额 70%~95% 的有 194 家，占 38.8%；相关产品销售额占总销售额 70% 的有 146 家，占 29.2%；而无关联多元化的企业则是凤毛麟角。

有句俗话叫：“儿多不养家”。企业的产品战略也是如此，对企业来说，需要的是聚焦、聚焦、再聚焦，最终形成代表品牌、收获利润的战略型产品。

还有一种错误认识是，有太多的公司把产品当作生意场上的玩偶，就像传销中“做做样子”的道具，他们把几乎全部的力量放在了产品之外的推销和传播上。

迈克尔·波特在研究亚洲企业时也发现了这种现象，他非常惊讶地发现，亚洲有部分企业家把办企业完全看作是在做生意，而不是创造新产品和服务。这是一种病态和残缺的产品观、营销观。

产品本是企业发展战略和营销战略的题中之意。正常的产品决策思维是，一个产品做还是不做，要与企业的战略发展方向，与消费者需求和竞争对手的研究，与价格、渠道终端、传播促销决策等工作进行通盘考虑、统筹决策。在产品正式进入工厂生产之前，产品概念、产品设计（质量、剂型、口味、包装等）等工作，应该调研测试完成，生产工艺和技术问题已经全部解决。

可是许多企业常常是产品已经出炉了，才考虑怎么卖，把销售的宝押在绝妙的广告创意、海量的广告投放和诱人的促销活动上。这种先生产，后策划，跟潮流，傍山寨，拿异类当差异的做法，其结果往往与企业的发展战略脱节，与消费者需求脱节，与竞争环境不适应，带着严重的“胎里病”。这样的产品给企业带来什么结果，可想而知。

回归产品，专注产品，实施正确的新产品战略，是实现差异化、赢得竞争、使企业赢利的根本途径。

第二节　新品开发五大误区

在每年春秋两季的全国糖酒会上，五花八门、成千上万的新产品让人眼花缭乱、目不暇接，然而热闹一阵之后，真正在市场生存，为企业带来发展的产品没有几个。事实证明，95% 的新产品不成功！

为什么？因为多数企业在甄选产品的第一步上就没走对，这种胎里带的“毛病”，无论后天怎样调整都很难成功。

下面总结新产品开发的五种典型误区，为企业正确地甄选产品提供借鉴。

一、以生产为导向，先生产，后定位，忘记消费者

走入误区的新产品以“生产为导向”，以决策者的主观臆断代替市场实际和消费者需求。

新品开发方向常常是领导提议的，他关注的是能不能生产，这样往往会弱化市场调研工作，忽视市场竞争和消

费者需求。在产品出来后，通常还会搞一些从根子上就不客观的“人情调研”，如送商业伙伴、亲朋好友免费品尝等。白吃白喝哪有嫌甜咸的，所以，用这种方法得到的反馈结果充满假象，其结果可想而知。

市场营销的目的是使推销成为多余。先有产品后求证，先购设备搞出产品，再想办法搞推销，是典型的主观代替客观，不是市场化的思维方法。

二、谁走俏，我跟谁，跟着成功风向走

必须承认，跟进成功产品是一些企业可以选择的路径，本身无可厚非，但如果作为企业新品开发的长期机制就不可取了。毕竟，每个企业有自己的长处和短板，通过一个或几个产品，打造自己在某一领域或细分领域的核心优势，把根扎深，才能在未来拥有竞争的资本和实力。

国内一些农产品企业在新产品开发时只重视短期效益，看到市场上什么好卖就赶紧模仿跟进。要知道跟在别人屁股后面跑总是滞后的，你只是“绿叶”，是“山寨”，只能证明“第一”很成功，很难得到消费者的认可。这样做的结果是产品开发盲目被动，永远也不能掌握市场的主动权。长此以往，产品结构混乱，战略方向不清，无法形成优势积累。

当然，除非你是康师傅、娃哈哈或者雀巢，看准正在火热的市场用实力插足，后来居上。即便是跟进，也要差异化跟随，要有所创新。

加多宝凉茶成功了，黄振龙凉茶、邓老凉茶、顺牌凉

茶、不怕火、下火王跟随着来了，最多时出现数十个凉茶跟随品牌，最终，只有福建达利食品集团推出的和其正大瓶装凉茶，用“大瓶分享”的差异化，从加多宝一家独大的市场中“撕开了口子”。

三、只做最好，品质过硬变成“品质过剩”

新企业往往容易步入质量这个误区。由于企业新组建，很容易走进“质量是企业的一切”的误区，甚至无限制地放大高品质的战略意义，导致成本过高，品质过剩。

在符合国家标准和健康安全的前提下，质量是相对的概念，不是越高越好。优异的品质如果没有适应市场竞争、消费者需求等因素，造成新产品成本过高，缺乏竞争力，渠道难接受，消费者也不买账。

湖北的一家水产企业，主打新产品鱼丸，真是做到了“真材实料”，主料鱼糜含量非常高，辅料淀粉添加非常少，成本比一般的厂家高出两倍。产品一上市，流通渠道经销商反馈：产品品质是不错，但是没有必要，这么高的价格，流通根本走不动；商超渠道经销商反馈：可以做商超，也可以卖得比品牌鱼丸贵，但你要有市场推广支持。

四、卖给所有人，重共性，轻差异

企业开发新产品有“两怕”：一是怕定位窄了，人群小了，销售上不了量；二是怕新产品定宽了，看似老少皆宜、男女通吃、人人都能买，实际却可能因为没有特色，哪类人群也抓不住。这是两个极端，很多企业经常为此纠结苦恼。最终，占上风的往往还是“不能把市场定窄了”。

定位，是在消费者心智中寻找空间，产品的实际消费者其实远远宽于产品定位中的消费者，这个现象企业不知道，生怕消费人群小了，所以在新产品开发时过于偏重产品的普适性，希望其适应尽可能大的销售对象范围，结果造成产品同质化严重，差异化不明显，陷入恶性竞争。

在营销上“小定位”更容易成就“大市场”。放在中国市场中，每个细分市场的容量都不能小觑，只有定位精准，抓住核心目标消费者的需求，让他们先消费起来，市场才有机会激活。百事可乐说自己是新生代饮品，但是并不影响上了年岁的人也喝它，饮用时自我感觉是年轻的，或把他带到了对年轻时代的回忆，不是也很好吗？

五、创新走极端，只有“蓝”没有“海”

创新是为了有蓝海，但为创新而创新，容易走火入魔，陷入一个无人的“蓝海”。只有“蓝”没有“海”，走向的是“死海”！

第一，创新产品没有品类属性。消费者选择产品时，首先想到的是品类，然后才是品牌。一些跨界产品，两边的好处都想占，却因为没有明确属性，没人想要。啤儿茶爽、咖啡可乐、晶睛酸奶、奶香杧果，等等，从创新上讲，绝对大胆，但消费者有喝的欲望吗？根本没有，这些产品在这条不归路上前仆后继。

可口可乐公司以为“原叶茶”很高明，结果，在消费者心中茶的品类早就固定在红茶、绿茶、花茶等几大类别上，凭空造出来的“原叶茶”让人莫名其妙。因为消费者并没有感觉用茶粉做的茶饮料有什么不妥。

第二，品类过度切分。雪碧本身就是一个细分品类。曾经的雪碧薄荷、生姜味雪碧无不验证了过度细分下的产品脆弱的生命力。可雪碧还是不信邪，又推出冰茶雪碧，同样也销声匿迹。

成功的品类创新，无不是立足大市场、大品类、大需求，只是改变了满足消费者的形式。御食园的小甘薯、小糖葫芦，方便时尚的小包装让传统食品甩掉缺陷、迈开步子，迅速热销；好想你枣片，让传统食品像口香糖一样时尚；馋嘴猴豆干的热销缘于广大地区的消费者原来就有吃豆干的习惯；黄飞红香辣花生是首先在白领桌上走俏的。

第三节 战略点“星”，让新产品快速打入市场

什么叫“战略‘星’品”？即战略明星产品，指在未来 3~5 年，能为企业贡献绝大部分利润和较大部分销售额的核心产品。比如苹果的 iPhone 手机，娃哈哈的营养快线，蒙牛的特仑苏，旺旺的旺仔牛奶等。这些产品不但是企业的生存支柱和发展基础，而且代表着企业的品牌形象、标志着企业的发展战略、深刻影响着行业的发展。

乔布斯说：“我们只生产伟大的产品。”他将产品摆上了企业最高战略的位置。在苹果公司，企业 70% 的利润往往是由五年前还没有出现的产品创造的，正是持续不断的新品推动着企业不断向前。

一、战略“星”品的战略目的

战略“星”品，必须明确以下战略目的：

（一）落实发展战略，培育新的利润增长点

当原有产品出现停滞甚至衰退迹象，不能再为企业创

造更多的利润时，企业要积极培育战略“星”品。当华龙要立志进入中国方便食品第一集团时，针对城市市场推出了全新的“今麦郎”弹面，完成了从农村包围城市的市场升级。“农夫果园”的推广，缘于企业发现瓶装水已经成为微利产品，企业希望用果蔬汁产品创造利润。

（二）扩大市场占有率以确保领先地位

中国移动曾经长期满足于“全球通”业务，当联通也开始进入市场抢食时，中国移动开始以一连串的动作相继推出“神州行”“动感地带”和更细分的“校园卡”业务。

（三）为品牌保“鲜”

品牌只有不断丰富内涵才能永葆青春。产品是品牌的载体，长时间不推新产品，品牌就会衰退老化。南方黑芝麻集团推出的杯装黑芝麻糊，可口可乐推出的美汁源果粒橙等都是基于这种目的。

（四）新晋者改变行业竞争格局

领先企业往往已经形成对市场的统治，攫取了最丰厚的利润。后来者要建立自己的有利地位，只有通过新产品的成功来实现。仲景香菇酱以营养佐餐的市场诉求横空出世，在传统调味品行业的竞争格局中谋得一席之地。

（五）老大阻击竞争对手

唯一不变的是变，即使像可口可乐这样的百年饮料巨头也不敢对市场变化掉以轻心，而是通过改变包装、更新LOGO、提升精神内涵来吸引新生代消费者，同时不断推出具有健康概念的新产品。

二、战略"星"品的选拔标准

（一）符合战略方向，体现企业核心优势

产品是企业实现战略目标的工具。新产品推出，除了为企业谋求新的利润增长点，一定要为提升品牌，巩固和加强企业战略优势服务。

有所为，有所不为。不能随心所欲，或是什么都想干，只有为企业战略服务的新产品，才能为企业战略优势加分，成功的概率才更高！

（二）符合消费趋势，吻合消费习惯

符合消费趋势，吻合消费习惯，这样抓到的需求是大需求，抓到的市场是大市场，不要担心现有市场有多大。

德青源是生态鸡蛋的代表；鲁花花生油是关爱心脑健康的"5S 物理压榨、不含胆固醇"的健康油；"九龙斋"酸梅汤和近年火起来的"冰糖雪梨汁"有着深厚的民俗习惯和消费基础，这是其成功的消费者基础。

（三）不怕市场混乱，就怕市场成熟

有品类无品牌，市场混乱，群龙无首，这是坏事，也是好事。因为这样的市场有现成的消费认知、消费习惯和市场基础，只是缺乏领导品牌。

我国有无数的品类没有全国性领导品牌。如山西老陈醋、米醋、剁椒酱、火锅底料、牛肉、羊肉、鸡肉、粉条、面粉、众多果蔬，等等，都没有全国性领导品牌，这些都是新产品的主攻方向。

（四）差异化突出，产品力过硬

新产品开发应该“人无我有、人有我优”。产品没有特点，体现不出特色，结果必然同质化，大家差不多，只能拼价格，容易形成恶性竞争。

在大家都在做纯净水时，农夫山泉高调宣布放弃纯净水生产，只做“天然水”，并打出了“我们不生产水，我们只做大自然的搬运工”的诉求，非常打动人心。

当然，在产品差异化的同时，一定要注意农产品有一个极为重要的产品力就是口味。做农产品营销味道就是王道。口味这一关过不了，一切都白扯！得像仲景香菇酱，绝对是一口不过瘾，吃了还想吃！

第四节　创新品类的四种方法

正确的品类创新，能够帮助企业脱离激烈的市场竞争，先享一片蓝海，成就一个战略“星”品。这也是品类创新成为当今最热的营销行为的原因。

什么是正确的品类创新？品类创新有何玄机？

一、开创全新品类，要做就做彻底

开创全新品类，要做就做彻底，拒绝雕虫小技，彻底斩断与现有品类的联系，自成体系。

可口可乐当年把提神醒脑的药水命名为“可乐”，而不是“糖浆”，将这种糖水变成了新品类，如今是全球最有价值的品牌之一。史玉柱创造了脑白金，其实是褪黑素加入些山楂、茯苓、低聚糖等，从此就不再与褪黑素、美乐托宁为伍。把紫菜做成零食，叫“海苔”。泡吧小脆用做饼干的工艺做薯片，为休闲小吃提供了一个全新选择。相反，娃哈哈经过两年多的努力，推出国内首款缓解视疲劳的酸奶——晶睛酸奶，可是消费者觉得用酸奶护眼不伦不类，他们抗拒加“药”的酸奶。

二、分化品类，同样的需求，不同的满足方式

品类创新还来自品类分化。消费者的需求不变，产品物质层面的属性也没有本质改变，而是利用技术和工艺创新，在原来品类的基础上升级或加减，推出细分品类满足消费者。比如啤酒不断涌现出的生啤、冰啤、原生啤、无醇啤酒等新品类。

品类分化有时仅仅改变产品的外在形态，甚至仅仅改变了包装，致使消费场所变了、消费方式变了，也就成了新品类。面包原来只有大个的，一人吃一个管饱。后来法式小面包将面包小型化，一个一个地分装，想吃几个就撕开几个；御食园把原来路边烤的红薯浓缩在方寸之中，首创食用方便、形象可爱的小甘薯。还把北京小吃大串冰糖葫芦，包进了糖纸里，创造了一口到胃的迷你型冰糖葫芦；香飘飘把珍珠奶茶从街边店搬进了工厂，装入杯中，一年卖出七亿多杯。

大品类中有大需求，面对大品类市场可以想一想改变点什么，需求还是原来的需求，改变的是满足需求的方式，迎来的是意想不到的大市场。

三、创造或发现空白品类概念，抢先占有

品类存在于消费者的心智中。市场上充满了各种品牌

的同类产品，市场上有什么不重要，重要的是消费者心智中有什么，市场上还有哪些心智概念没有被品牌占据。

“派”，单个封装的夹心蛋糕。好丽友把这个概念率先从韩国带到中国，不卖蛋糕，而是卖“派”，率先占有了这个“时尚”品类；达利食品看到这个潜力市场，赶紧为自己抢了一个分支——“蛋黄派”；华龙集团将“劲道”的诉求，创造性地凝聚成“弹面”品类，成为品类创新的经典之作；营养快线有意无意地成为市场上第一个“最有营养的饮料”，成为以喝代吃的不二之选；当众多果汁企业还在围绕橙汁挖空心思时，农夫山泉推出时尚的水溶C100，以更高的VC含量掀起了柠檬饮料的热潮。

新概念新品类不是虚无缥缈或突发奇想而来的，其根本上在于对消费需求的深层理解和对产品诉求的精准把握。那些概念貌似很新，实则虚无不实的产品，难以走进消费者生活。

四、打破产品营销边界，杂交创新

如果眼光只关注单一品类，技术、工艺、概念总有匮乏的时候。要培养杂交营销思维，打破心智屏障，突破传统边界，大胆借鉴、融合、嫁接其他行业的资源、思想、模式、技术和方法，找到新的路径，创造竞争优势。

好想你将大枣做成口香糖样的枣片，小品类开创出大市场；农夫果园“喝前摇一摇”，将饮料与“玩”杂交。

杂交不是乱炖，产品依然要有明确的品类属性，依然要挖掘大品类市场潜力，依然要让人“赏心悦口”。啤儿茶爽、咖啡可乐、果汁果乐、tot 苏打红茶等混搭产品，无视营销规律，或是市场太小，或是口味欠佳，结果掉到了品类的夹缝中，枉费了心机，事与愿违。

第五节 明星产品的四大历练

中国每年推出的新产品成千上万种，但是脱颖而出成为“明星”的总是凤毛麟角。为什么企业辛苦推出的产品还没冉冉升起就已经陨落？选好战略“星”品是万里长征的一小步，塑造“星”品才是改变命运的一大步。

一个新品要想具有“星”范儿，除了要做好生产、质量把控保证品质之外，还必须经过四步历练方能修成正果。

一、战略高度上定位

企业推出新产品不是空穴来风，其背后是企业的战略思考。因此，工作的第一步就是给新产品进行定位。这里的定位，是指要明确新产品在企业发展战略和产品战略中的角色定位：是战略品种还是战术品种？是销量产品还是形象产品？是进攻产品还是防御产品？明确这些定位，价值谋划才更有针对性、指向性和系统性。

山东盛德泰食品有限公司，是中国生姜产业的龙头企业之一。它选择姜茶作为企业的第一个新产品，其定位就是品牌战略引擎。通过对姜茶打造、树立品牌，然后带动系列姜制品销售，实现中国“姜老大”的战略目标。

2011 年，南方黑芝麻集团开发并推出黑芝麻糊新产品“爱心杯”，其战略使命就是打好黑芝麻糊类防御战的同时，带动 80 后、90 后新生代消费人群，将黑芝麻糊进行时尚化、快消化升级。

娃哈哈集团推出的 HELLO–C，完全是针对农夫山泉的水溶 C100 进行的竞争应对及借势瓜分市场。

每一个新产品的推出要带有鲜明的战略意图，否则，目的不清，思路不清，干劲不足。

二、品类和品牌价值上抢位

新产品是排头兵，其后续跟随着第二、三系列梯队，因此对新产品的价值挖掘不能就产品论产品，停留在产品卖点层面，而应该将新产品放到品类和品牌的高度上进行价值挖掘和占位。留足更大空间，搭建高速跑道，以便让更多的后续产品进行资源共享，快速导入。

仲景大厨房在全国率先推出香菇酱，抢先占据香菇酱品类，开创营养佐餐概念，这是基于品类和品牌价值考虑的，具有长远的战略价值。在香菇酱被市场成功接受后，仲景大厨房又推出健康概念更高端的橄榄油香菇酱。

三、产品谋划上到位

核心价值抢占，完成了新产品打基础的第一步，接下来就要系统地对新产品进行全方位包装谋划。其中最关键的就是名字、卖点、诉求和背书，这是新产品价值构建的四根支柱。

（一）好名字：一“名”惊人

品牌名称绝不仅仅是一个记号，它携带着丰富的营销信息。好的品牌名称至少要做到四点：一要朗朗上口、通俗易记；二要有很强的品类属性；三要符合时尚娱乐化价值取向；四要在将来丰富品类时，能有很好的涵盖力。

（二）好卖点：一针见血

卖点的挖掘好比是把铁棒的一端磨成针尖，使其变得锐利，更具杀伤力。一个好的卖点，必须考虑并满足以下几个条件：第一，卖点是不是产品最独特的地方；第二，卖点能否建立壁垒，竞争对手不容易跟进；第三，卖点是否简单、直接、给力。

（三）好诉求：一句成诵

好的诉求是物质层面和精神层面的和谐统一。物质层面要体现产品核心价值，精神层面要将价值进行艺术化升级。好广告诉求，一语双关，联想无限。

南方黑芝麻糊早期广告中那句经典的“黑——芝麻糊哎……”，虽然是一句吆喝声，但是，那浓浓的乡音，温馨的乡情和仿佛飘浮在空气中的浓香，令无数消费者魂牵梦绕，久久不忘。

（四）好背书：一唱百和

产品背书是产品及品牌价值支撑的精缩版，产品支撑不局限于品牌故事，也可以是品牌人物、特殊原料、特殊工艺、特殊生态等。比如乌江榨菜独特的“三清三洗，三腌三榨”等。

一个名字，一个卖点，一句诉求，一段品牌背书构成了产品和品牌价值体系的基本轮廓。

四、形象塑造上出位

塑造品牌形象是做品牌的两件大事之一。

做品牌在许多人看来摸不着头脑，更有一些所谓的专家，将做品牌神秘化、复杂化。其实做品牌的核心工作只有两件大事，一是做实品牌的“里子”，二是做足品牌的“面子”，即塑造品牌形象。这里说“形象塑造上出位”是一种夸张形象的说法。

第六节　老品牌再利用有绝招

一、品牌老化，大品牌的老问题

知名企业及老字号企业经常遇到这样一个大问题，就是品牌老化。

品牌老化的典型表现是，提起这个牌子谁都知道，但在消费者那里已经无法促成消费冲动，至少不会是首选。高知名度和低认可度、低购买率是老化品牌的突出特征。品牌一旦老化，就如同贴上“落伍”的标签，让消费者退避三舍。

品牌老化的直接危害是，一个原来在市场中响当当的、让企业引以为豪的大品牌，其市场销量在不知不觉中越走越低。更让人头痛的是，检索营销体系，又似乎没有发现什么原则性大问题。寻找突破的门没有想象的那么容易，放弃吧又实在可惜。

中国有太多的“名牌”已经或正在步入品牌老化窘境，

例如白酒中的孔府家，饮料中的乐百氏、健力宝，肉制品中的得利斯，奶糖中的大白兔，以及许许多多的地方名品和老字号企业。

有些人认为，品牌老化是必然而且无可救药的事，甚至认为符合产品生命周期理论。该理论说，产品和人一样是有寿命的，要经历诞生、成长、成熟、衰退这样的周期。事实果真如此吗?

我们看到许多非“科技驱动型”的产品，尤其是为数众多的食品饮料产品，经历了数十年、上百年热销，市场还在扩大，至今活跃在人们的生活中。可口可乐已经有超过130年的历史，至今仍然是最伟大的产品和品牌之一。

可是为什么有的产品会“遵循”产品生命周期理论，在市场上辉煌过后就自然消亡了，有的产品却看不到衰退的迹象，始终保持旺盛的生命力，历久弥新？现在让我们解开这个谜团。

二、品牌老化的内因与外因

（一）消费者不停地在变，是品牌老化的内在原因

喜新厌旧是人的本性，原来的需求和欲望满足了，新的需求和欲望又出来了，这是规律，不管你承认不承认。

产品还是那个产品，品牌还是那个品牌，团队还是那个团队，是消费者变化了而品牌没有随着消费者的变化而变化。也就是说，在消费者眼里，他们认为品牌老了，这是品牌老化的核心和关键所在！所以，让消费者忠诚，是

厂商的一厢情愿。产品如此丰富的年代，消费者改变口味也是自然不过的事。与其被消费者淘汰，被竞争对手替换，不如主动作为，研究市场趋势和消费心理，不断创新，不断地持续吸引目标消费者和潜在消费者。

（二）新品的层出不穷、消费能力的不断增长，是品牌老化的外部原因

科技的日新月异、生产能力的极大发展，使新品层出不穷，这是品牌老化的催化剂。

科技的进步极大加快了产品更新换代的速度，我国良好的经济发展条件，使数以亿计的劳动者的聪明才智得到充分释放，更好、更新的产品如雨后春笋一样层出不穷。产品没有最好，只有更好；价格没有最低，只有更低。消费者追逐新产品的兴趣远远大于忠于品牌的动力。在消费者有越来越大的选择余地和日益挑剔的目光的情况下，任何企业，无论你曾经多么辉煌，在市场浪潮中都是“逆水行舟，不进则退”。你不前进，就被淹没。

一代影像之王柯达，是第一台数码相机的发明者，因为迷恋原有市场、原有地位，现在已经被数字化浪潮冲垮，在 2012 年申请破产保护。同样，昔日的手机行业老大诺基亚已经被智能手机的代表苹果所替代，诺基亚手机已经销声匿迹。

（三）中国消费者的收入增长、需求升级，是独具中国特色的品牌老化的加速器

中国是一个新兴的蓬勃发展的市场，经济的发展、收入的增长，使消费结构经常发生位移和跳跃性升级。

变化是永恒的，科技在变、社会观念在变、时尚元素在变，消费者收入在变、价值观念在变、审美在变，而如果品牌的创意形象、广告用语、产品包装等历经多年不变，一定是不行的，一定会被社会淘汰。因此，一个产品品牌要想打破产品生命周期“魔咒”，就必须带领产品与时代同呼吸、共命运、谋发展，才会走进一个又一个新时代。

三、品牌老化的外在表现

品牌老化如何判断？品牌老化除了具有高知名度和低认可度、低购买率的市场特征外，还具有三方面看得见的外在表现：

产品落伍。这里的产品不是指营销学上的核心产品，而主要指外围产品和外延产品。可口可乐的配方变了吗？没有。改变的是消费者对它的认知和体验。

形象老迈。一个时代有一个时代的主流观念和时尚元素，如果包括广告在内的一切传播，其内容和形式与本时代的核心目标消费者脱节，没有共鸣，消费者当然远离你而去。所以，除了品牌核心价值不变之外，一切内容和形式都可以变，必须与时俱进。

营销模式老化。大凡有品牌老化问题的企业，一定风光过。曾经的成功往往是进一步成功的绊脚石。因为成功形成模式，包括人员队伍、渠道终端、传播手法等被固化起来，甚至被神化，当外部环境发生变化时，有些企业没有勇气或者找不到办法突破变革，相反，愈发对原来的做法形成路径依赖，最后成了温水锅里被煮的青蛙。

我国有两千多家中华老字号，随着时间的流逝，不少已经退出人们的视线。分析它们的品牌老化问题，均出在产品落伍、形象老迈和营销模式老化三大方面上。

四、老品牌与时俱进，必须突破“倚老卖老”

许多老品牌也想与时俱进，它前进中最大的羁绊不是别的，正是“老”字。不是“老”的东西全是好东西，什么需要原汁原味地保存，什么需要在继承中创新，什么必须彻底丢掉，这些都不是轻松的事。

老品牌，尤其是中华老字号品牌，最常见的问题是“倚老卖老”，北京的北冰洋汽水复出正在陷入这样的误区。

2011 年底，已经“冬眠”15 年之久北京老品牌北冰洋汽水又回来了。这次北冰洋汽水的复出，从口味到包装到销售模式，刻意严格地按照老北冰洋汽水的样子做。我想问，如果原样照搬就能复兴，当初为何会没落？

不可否认，北冰洋汽水曾经伴随了几代老北京人。但是，快消品不是老古董，岁月流转，消费者已经改变，老消费者已经远去，主流消费人群已经换成了新一代，他们可能对可乐有感情，对娃哈哈有感情，但对北冰洋完全没有感情。向新一代消费者“倚老卖老”，行得通吗？

北冰洋的工作人员认为，“玻璃瓶是北冰洋的文化符号，没有玻璃瓶的北冰洋汽水，京城百姓不会认同。”此言大谬！这种玻璃瓶、铁瓶盖，携带不方便，开瓶不方便，喝着不方便（一次必须喝完），想拿走还要压上一块钱。不否认，这种包装、这种销售方式在旅游景区商业街区和街边小店会有人消费，就像瓷罐装的酸奶至今不会从小卖店彻底消失一样，如果北冰洋的经营者只是怀抱这种志向的话，北冰洋就难以做大做长久。

北冰洋想通过复制过去走向成功，显然太过天真。不好好研究自己是怎么衰落的，现在又懵懵懂懂地回来了，完全靠碰运气。

如果可口可乐因为标榜经典，非要沿用老式玻璃瓶，还能方便地进入超市进而走进千家万户吗？如果加多宝固守街边凉茶摊，还能卖到北京卖向全国，成为超越可口可乐的“中国第一罐”吗？

就算产品可以复制，当年的感觉也是无法复制的。在物资极度匮乏的时代，消费者仅靠心理上的满足感，就足以忽视产品包装上的缺点。现在消费者胃口早已被高高吊起，再不会对一款普通产品产生那种奢华享受的感觉了。

老字号复兴需要的是品牌精神的传承，而不是一切照搬。南方黑芝麻集团在把黑芝麻糊装进“爱心杯”的同时，把沉淀在消费者记忆中的小孩子舔碗的画面保留固化为商标，仿佛“黑——芝麻糊哎……”的叫卖声又在耳边响起，还力邀大牌时尚明星王力宏代言，将品牌年轻化。传承中有创新，经典中有时尚，老品牌走进了新时代。

五、老化品牌如何实现复兴

（一）品牌定位调整

每个品牌的定位都是基于当时的市场环境下的定位，不可能一劳永逸。随着时代的迁移，品牌定位难免会变得不合潮流。

品牌定位过时就要做出适当调整，以进一步适应当下的市场环境。

（二）品牌形象更新

一个时代有一个时代的主流观念和时尚元素，如果现有品牌形象与本时代的核心目标消费者脱节，没有共鸣，消费者当然离你而去。

在 20 世纪 80 年代的沈阳，一提起俄式克拉古斯香肠，那是几代人的美味回忆。可是，近十年来，克拉古斯沉寂了，成了新一代消费者“熟悉的陌生人”。克拉古斯决定打一场品牌翻身仗。在战略上，要做肉制品深加工的“东北王”；在品牌上演绎源自俄罗斯的美味传奇；在产品上，升级明星产品老味肠，并提炼“克拉古斯老味肠，老有味了”的情感诉求，重新唤起沈阳人的不老回忆。配合线下一系列的实战活动，成功升级了克拉古斯品牌形象，让老品牌重新回到了沈阳人的生活中。

（三）诉求对象更新

随着“李宁时代”的渐行渐远，李宁品牌在大众心中被认为是 60 后、70 后的选择。面对如此境地，想要实现品牌复兴，首要的问题就是更新诉求对象，让李宁品牌走上80后、90后年轻人的时尚选择舞台。于是我们看到，自2010年开始，李宁品牌重塑战略全面启动，品牌名称、品牌LOGO、品牌宣传口号等都围绕着新的诉求对象80后、90后一一改变着。而现如今深受年青一代喜爱的麦当劳，也正是因为其在2003年将品牌诉求对象由家庭转变到年轻人身上，才有了现如今依然的青春焕发。

（四）产品更新

随着人们生活方式、生活观念等变化，消费者对产品的形态要求也会随之变化，这就要求产品要适时创新。就如同“粽子大王”中华老字号五芳斋，除了传统粽子，不断开发速冻粽子、混合粽子、礼品粽子、传统糕点、卤味制品、米制品、肉食品等中华美食，形成系列产品群，不断满足消费者的新需求，同时不断突破地域局限，走向全国和世界。

（五）包装更新

百事可乐不爱蓝装爱红装，高喊“为中国而变”的口号，从而再一次搅动了国内的可乐消费热潮。

换一套新包装，给消费者耳目一新的感觉，从而促进消费者对产品产生新的认识。“三精牌葡萄糖酸钙口服液，蓝瓶的！”在产品配方并未做改动的情况下，仅仅靠包装就捍卫了自己的霸主地位。

（六）传播方式更新

新媒介为新消费者所爱，如果老品牌依然使用原有传播方式进行品牌推广，其影响力必然受限，难以实现大的市场突破。

南方黑芝麻集团在宣传产品时专门开拓了网络传播这个新的传播方式，以轻广告的形式制作网络传播视频，借街舞的另类玩法，一天内形成26万次点击，在优酷、人人网、新浪微博的当月热门视频排行TOP10上排名第四，更为南方黑芝麻集团官方网站日访问量带来历史性突破，产生意想不到的巨大传播效益。

（七）渠道更新

凉茶最早都是在街边店卖的，当加多宝把凉茶装入罐中，更新渠道走餐饮市场，结果打开了局面，红遍全国。宣称要实现品牌复兴的北冰洋汽水，依然仅走直供的零售店渠道，瓶重腿儿短不快消，何谈实现真正意义上的品牌复兴呢？

（八）营销团队观念更新

分众传媒的江南春曾说过：“有创意的人很多，但能执行创意的人很少。”大品牌团队哪怕一点点改变，其实都是极为困难的。

企业中经常出现，营销方案讨论了确定了，领导拍板了，但真正到了执行环节，却总感觉运作乏力。一调查才知道，企业的营销人员并未真正理解方案，没有对应的新思想配合新方案，还是按照原有营销观念和方法去运作市场。大的营销行动，思想动员工作一定要先行，认知到位才能行动到位。

品牌老化是一种现象，不是规律，产品生命周期理论完全可以打破，准确把握时代脉搏，与消费者同步改变，就有可能永葆品牌的青春与活力！

第十章

资本助农

第一节　农业进入资本时代

一、农业投资爆发

2008 年之后，农业与资本结合的事件越来越多，规模飞速增长。

《中共中央国务院关于实施乡村振兴战略的意见》中提出，充分发挥财政资金的引导作用，撬动金融和社会资本更多投向乡村振兴。现代农业如何发展，品牌农业如何升级？发展的大潮中，越来越多的社会资本和产业资金通过各种渠道进入到农业领域，产业资本通过股权融资、投贷结合等方式，引导资金和好项目进行对接，对产业提升、品牌建设、竞争力提高和行业整合起到了巨大的作用。根据 2017 年三季度数据，我国农林牧渔行业共有 88 家上市公司，全行业营业收入 3 280.33 亿元，在 27 个大类行业中排在第 19 位。2017 年是全球农业兼并重组的标志年。这些交易会重新定义行业格局，种子和植保产品的相对竞争力也将面临新的挑战。由于粮食和农业市场的持续增长，将会有更多的资本持续注入，进一步重组农业的格局。

二、资本对农业的价值

现代农业如何发展，品牌农业如何升级？发展的大潮中，越来越多的社会资本和产业资金通过各种渠道进入农业领域，产业资本通过股权融资、投贷结合等方式，引导资金和好项目进行对接，对产业提升、品牌建设、竞争力提高和行业整合起到了巨大的作用。

（一）产业经营是 1，资本运作是后面的 0

传统农业企业的创始人和经营者通常对资本考虑得很少，结果就是企业发展只靠自己一点点地积累，是“1—2—3”的过程。

资本运作则是一种完全不同的模式，从数量上来说，企业发展变成了在 1 后面加 0，是“1—10—100”的过程。两种模式的发展速度不可同日而语。

（二）战略价值

资本通过与企业的核心竞争力结合，加快企业发展进程，整合、抢占各种资源，迅速提升企业规模优势，改变受益企业与竞争者的实力对比，进而带来行业变革与重新洗牌。

农业投入周期长，目前整个行业还存在小、散、乱的问题，无品牌、无产业领导者的现状在绝大多数细分行业都存在，绝好的阵地没人占领、没人关注，我们还在等什么？

（三）资本是冲刺市场领先地位的核动力

资本能够给农业企业提供超强能源，超强动力，使企业以数倍于传统方式的速度发展，迅速抢占市场老大的位置。在农业面临变革的形势下，借力资本成为市场老大尤为重要。

（四）资本已经不仅仅是农业企业发展的助力，而且是农业企业生存的要素

农业企业目前面临行业升级，各路人马杀进某个细分领域的事件会越来越多，其进程会是空前的。当以资本武装到牙齿的对手出现在面前的时候，如何避免死亡的命运？只有自己先强大起来，而资本恰恰是企业迅速强大的关键要素。

三、中国品牌农业：未来股市的“绿筹”

中国目前绝大多数行业处于两种状态：

第一，红海：产能过剩，竞争激烈，毛利率低下。

第二，寡头垄断，蓝筹盛行，新兴企业难有出头之日，优势企业规模大，但发展空间有限或者对资金需求不旺盛。

以上两种行业对投资来说都不是最优的，投资最偏爱的是“绿筹”——既非红海，又非蓝筹为主的行业，现有或者有机会开发新市场，发展空间极大，没有真正有威胁的竞争，极易通过行业整合而飞跃发展。

农业恰好符合这种要求：

第一，国家高度重视，生态文明建设、乡村振兴战略

等政策提供了宏观环境的助力；

第二，有无数细分行业，目前很多农业细分行业企业的规模通常都不大；

第三，市场需求巨大；

第四，行业企业小、散、乱，没有强有力的竞争对手；

第五，极易通过整合资源，脱颖而出。

农业发展空间和速度都会是惊人的，对资本具有不可抗拒的诱惑，是不折不扣的“绿筹”，未来资本市场的明星。

四、中国农业进入全面资本时代

资本对农业的热情空前高涨，而且会持续升温，银行等传统金融机构、其他行业知名人物纷纷涉足农业，政府政策扶持，标志着中国农业进入资本时代。

（一）政府部门对农业的支持补贴持续加大

近年来，在农业上，国家从税收优惠、政府补贴等多个方面加大了扶持力度，各种惠农政策不断推出，大大增加了农业企业的发展信心。

（二）银行等传统金融机构进行农业金融创新

2017 年 9 月 22 日，在金融服务农业现代化高峰论坛上，按照紧密贴合农民需求、覆盖区域广、信贷投放量大、风险防控机制合理等标准，农业部发布了“金融支农创新十大模式”，分别是“政银担”“政银保”“银行贷款 + 风险保障补偿金”“两权抵押贷款”“农村信用社小额信贷”“农产品价格指数保险”“农机融资租赁”“双基联动合作贷款”“互联网＋农村金融”“农业领域 PPP”10 个模式。银行等传统金融机构也积极探索农业金融创新方式，例如中国民生银行、招商银行等纷纷成立了“茶业金融中心”“渔业金融中心”，提供更符合行业特点的个性化服务，这是中国银行业在支持农业过程中关键的一步。

（三）产业投资人金融创新

正大集团推行“四位一体”模式，将 BOT 模式引入农业领域，通过整合政府的政策资源、银行的金融资源、龙头企业的技术和市场资源、农民专业合作社的土地和组织资源，共同搭建起多方共赢的新农村建设和发展平台。

（四）产业投资雄心勃勃

从国际粮农巨头 ABCD（ADM、邦吉、嘉吉和路易·达孚）、雀巢、可口可乐、卡夫，到民族资本联想控股、中粮、新希望等产业投资者，近年来进行了一系列大手笔的资本操作。未来，会有更多的产业投资者出现，产业资本案例不断增加。

（五）资本大鳄忙“务农”

现在有很多以前被认为与农业“八竿子打不着”的行业大佬相继涉足农业投资，未来会有更多其他行业企业涉足农业，它们会发挥其在资本、人才、管理、渠道等方面的优势，农业领域的竞争会更加激烈。

中国农业正处于行业巨变的开始阶段，无论从农业的发展历史来看，还是从中国农业的现状来看，立足产业，创立品牌，借力资本，成为未来明星农企的有效实现途径，多种资本助推中国农业全面进入资本时代。

第二节　资本里农业企业的机遇

一、农业资本在做什么

（一）传统农业巨头 ABCD

全球四大粮商是 ADM、邦吉、嘉吉、路易·达孚，它们对国际粮食交易起决定性作用。

国际农业巨头以强大的资本为后盾，通过并购等手段，完全控制了中国农业第一个开放的领域——大豆。玉米、花卉、蔬菜、水果、肉禽等也不同程度地被国际产业巨头控制。

（二）国际食品巨头

国际食品巨头在不断寻找目标，快速推行全球战略。

百事公司是首批进入中国的美国商业合作伙伴之一，在过去 10 多年里，百事公司携手业务伙伴在中国投资已超过 480 亿元人民币，在中国建立了成功的食品及饮料业务，同时环境可持续发展的理念也已融入百事公司大中华区的各个环节，包括生产设施、设备和产品包装等。2012

年，康师傅与百事公司完成战略联盟，成为中国饮料行业领军的生产系统之一。

达能是世界著名的食品公司，曾一度控股乐百氏、娃哈哈，成为光明乳业第三大股东。2004 年世界啤酒巨头美国 AB 公司收购哈尔滨啤酒集团，一度持有青岛啤酒 27% 股权，成为第二大股东，SAB 米勒曾持有华润啤酒 49% 的股权。

（三）国内资本

当一个个中国品牌被国外资本收入麾下时，有识之士提前认识到了危机。传统的企业家已经无法与资本抗衡了，联想控股、中粮、新希望等企业先后通过资本手段，整合一些农业细分行业。2013 年 6 月份，当联想控股旗下的现代农业板块公司“佳沃”在成都签订“中国猕猴桃之都”现代农业项目投资协议时，联想对外宣称：佳沃集团在水果领域的投资额已经超过 10 亿元人民币，未来还将加大投资。2015 年 12 月 16 日，联想控股旗下佳沃集团与中国最大的水果供应链企业鑫荣懋战略合并，成立“佳沃鑫荣懋集团”，合并后的公司成为中国最大的水果公司，整体销售规模达 50 亿元人民币。

（四）风险投资

风险投资、私募股权投资也积极开展农业项目，同样也有黑石 6 亿美元投资寿光农业物流园、高盛 3 亿美元搞养殖的大手笔。结合其他不断增加的农业资本事件，可以看到私募股权投资、风险投资对农业产业的热情。

无论是国际、国内农业资本巨头，还是风险投资、私募股权投资，在农业资本方面的动作越来越多，越来越大，产业处于变革期，细分行业不断洗牌。

二、资本横行的危机——既有危险，更是机会

国际巨头、国内资本、私募股权投资等资本方完成既定战略目标后，行业洗牌就开始了。他们掠夺很大的市场份额，吞并或挤垮传统经营者，给原有的行业企业致命打击。然而，对于真正有远见、有能力的企业来说，这恰恰是绝好的机会。

首先，资本方并不是自己什么事都做，他们需要中国在产业环境、资源等方面有优势的企业与之合作，而优秀企业也正需要资本的支持，有机会站在巨人的肩上。

其次，资本巨头的发展模式需要迅速扩张，而并购恰恰是最快的扩张方式，在一定的时期，他们愿意出高价并购合适的目标企业，优秀企业有机会通过被并购取得丰厚的回报。

总之，有能力就抢先成为巨头，没足够的能力就努力变成一个受巨头青睐的合作者，危险中孕育无穷机会。

三、小池塘里的大鱼：争当上市第一股

手指大小的小鱼想一下子成为鲨鱼是不现实的，吃得太多，扩张太快，可能不是迅速成长，而是被撑死。中小农企如何把握时机呢?

好在农业产品品类众多，可以划分为无数个细分市场，如同一个个小池塘。成为相对而言小得多的池塘里的大鱼则要容易得多。所以中小农业企业要抓住机遇，争当

细分行业上市第一股，迅速成为小池塘里的大鱼，并进一步壮大，为纵横大海做准备。

我们一直强调：市场老大是一种战略性稀缺资源。处于行业变革期的农业企业更是如此：当不了老大，不仅老二可能当不成，甚至会比小作坊死得都快。

表 10–1 列示了近几年一些上市的明星农业企业上市前一年的财务指标。相对于其他上市公司来说，它们规模很小，但现在是行业里的绝对老大。例如金字火腿，上市前只有 1.48 亿元的销售额，募集资金却达到了 6.3 亿元。我们看看它们是怎么做的。

表 10–1 明星农业企业上市前一年财务指标

（单位：亿元）

公司名称	销售额	净利润	总资产	净资产
金字火腿	1.48	0.39	2.35	1.56
好想你枣业	6.57	0.94	7.53	2.79
涪陵榨菜	4.42	0.42	4.84	2.55
克明面业	8.43	0.6	4.43	2.26

金字火腿：

拓展渠道，在全国主要城市建立自己的营销网络；

推出高端产品（巴玛火腿等）；

建浙中地区最大的冷链物流项目——火腿窖藏冷链物流基地。

通过发展品牌与巧用资本，它们已抢占有利位置，可以进一步独立发展，也可以选择与巨头合作。

第三节　中小农业企业如何应用资本

我们把造就未来农业领域明星的模式分为两类：产业模式和资本模式。

一、产业模式

我们说的产业模式并非应用资本，而是以产业发展为核心，经营和资本并重，创造优秀农业企业的模式。

产业模式可以通过以下几方面提升企业价值和竞争力。

第一，掌握核心科技。如晨光生物通过发展科技，目前辣椒红色素产销量世界第一，辣椒精占国内产量的85%以上，叶黄素、甜菜红等品种均在国际上占有重要地位。

第二，品牌化。

第三，业务模式创新和优化。例如全产业链、渠道变革等方式，采用全新或者优化、改良的业务模式。

第四，规模化、集约化、专业化，大幅提高效率，取得规模优势和专业水平，有助于创建品牌，提高收益率。

第五，生产效率提升。例如机械化、自动化，引进国际先进的理念、技术、管理等。

二、资本模式

资本模式是以资本运作为主，建立资本平台，通过投资、并购等手段，整合产业。

资本模式通常需要大资金、大战略、大运作。例如德隆一度联手汇源，拟整合中国饮料产业，计划并购包括承德露露、旭日升、健力宝、蓝田等在内的多家企业，一旦成功，德隆将垄断中国饮料市场。当然，也正是因为过于依赖资本运作，德隆最终无法驾驭整合的产业，最终导致风险加大并崩盘。

资本模式的发起者与行业其他竞争者相比，通常在产业、资本或其他重要资源（例如渠道）至少一方面具有较大优势。

目前采用资本模式的企业主要有两类。

一类是完全没有农业背景，凭借资本、渠道等资源优势进军农业。例如联想控股是通过资本方面的优势进军农业的，而京东等企业则是通过渠道优势进军农业的。

另一类是传统优势农业企业。例如雀巢、新希望等。新希望就是在饲料领域做出业绩后，逐渐向资本模式转移，扩张到其他农业领域。

三、中小农业企业如何应用资本模式

从现状来看，资本模式似乎离中小农业企业还很遥远，因为目前成功应用资本模式的都是巨头。然而时代在变，中小农企也有机会鱼跃龙门。

按新希望模式，做透一个产业再向资本运营转型，难度高、耗时长、风险大，成功案例极少。对中小农业企业而言，更可行的路径是在规划时就充分考虑资本因素。

尽管目前成功实施资本模式并取得成功的中小企业不多，但随着企业对资本的理解和成熟外脑的助力，顺应当前形势，中小农企应用资本的核动力，完全有机会迅速成为产业巨头，并与上面所说的资源（资本）导入型企业、传统农业优势企业，在农业领域形成三分天下的格局。

第四节 农业企业资本运作的关键点

一、创造投资价值，而不是会计价值

有的企业不盈利，却受到投资人的追捧，例如最近涉足农业领域，一直亏损却获得 15 亿美元投资的京东商城，有的企业利润很高，却得不到投资，这是为什么呢？我们需要区别会计价值和投资价值。

会计价值和投资价值有很多差异。例如会计有“净资产”概念，你花 200 万元买了一套房子，那你就有 200 万资产，但银行贷款 150 万元，净资产是 200–150=50 万元。如果房价上涨，你房子的市值达到 500 万元，那么会计价值是多少呢？很可能还是 50 万元，因为会计对资产价值调整有严格的限制。

企业资本运营要以投资价值为基础思考问题，不断创造资本价值。如果以传统会计价值思考问题，有可能会导致错误的决策，出现利润高而不受投资青睐的现象。

二、借助外脑

券商、会计师事务所、律师等机构主要做的是例行工作，除了以上中介机构之外，还需要在资本、品牌、战略等方面为企业提供增值服务的机构。

（一）引入外脑的必要性

农业企业进行资本运作，通常没有足够经验。有些老板通过与投行、会计师、律师的接触和沟通，或通过参加一些“资本培训班”，就认为自己已经搞清楚怎么做了，这是很大的误区。你真的认为在游戏机上打死了 100 个怪兽，那么在森林里也能同样打死它们吗？不可能的，实际操作中你就会发现，理论与实践的差异是巨大的。

资本之路艰辛、危险，如同布满地雷、猛兽的山路，一点点小错误的结果都能致命。因此，一个真正负责任、足够专业的外脑几乎是必需的，外脑至少在以下几方面能给我们提供帮助。

保险：通过熟悉资本运作的专家帮助，可以成功地规避风险，保证成功。

捷径：不犯错误，少走弯路就是捷径。

增值：资本运作也是一门艺术，做得好与不好，价值差距天上地下。

人脉等资源：例如经常有农业企业家说自己不认识投资人，发出去的商业计划书如石沉大海。不错，可能你的邮件、传真对方根本没看或没认真看，也就得不到回应。这方面外脑通常可以提供好的途径。

（二）选择什么样的外脑

首先，他们需要足够专业，有足够资源和能力为企业提供增值服务，不仅仅是满足企业想要的，而且给企业带来意想不到的。例如深圳创新投资、中粮农业产业基金，他们通过自己在农业和资本领域的综合经验、资源，给很多农业企业带来强大的支持。

其次，选择诚信、负责任的外脑。

一个心术不正的投资顾问公司，给企业带来的不仅是一点点咨询费的损失，有时会毁掉整个企业。只有能够坚守诚信、保持客观公正立场，以客户价值最大化为出发点的外脑，才能真正为客户负责，创造价值。

再次，能够同时给企业提供品牌营销，又能提供资本增值服务的外脑，可以给企业带来更大的增值。

产业是“1”，资本是“0”，尽管资本运作能够极大地提升企业的发展速度，离开了产业这个根本的“1”，多少“0”都是没有价值的。树立“品牌农业”这个“1”，通过资本手段不断加“0”，才能实现裂变式发展。对品牌、农业和资本方面都有深刻理解和丰富经验、全面考虑问题的外脑，能够给企业提供最优方案。

三、上市地选择

（一）上市难度

欧美等成熟股市尽管监管要求严，但行政干预少。而A股上市难度在于除了企业自身经营情况符合要求外，行政审批的流程也比较多。

（二）财富效应

要考虑估值水平，同一个企业，在美国一股卖 2 美元，现阶段在 A 股有可能卖 50 元人民币。

（三）后续融资便利

很多成熟股市再融资通常比较方便，使企业在需要的时候可以很快拿到钱，不至于错失市场机遇或遭遇资金链困境。

（四）市场形象与行业地位

例如企业打算开拓美国市场，那么到美国上市是个不错的选择。而主要客户在中国，在 A 股上市则更有利，因为很多股民会把你的公司挂在嘴边，是很有利的传播渠道。但要注意一定要选择有信誉的资本市场，规避粉单市场、OTCBB（美国场外柜台交易系统）等反而有可能损害企业形象的资本市场。

（五）自身能力

例如规则、信息掌握、投资者关系处理，如果没有足够能力的话，还是选择较熟悉的 A 股为好。

（六）费用

包括 IPO 与维持费用。国内、国外市场因为上市条件、国家政策等不同，企业获得资本的成本也不一样。

（七）资金安全

各国对资本市场上的资金有不同的监管要求，总的来说，成熟市场的资金安全更能得到保障。

企业上市需要综合考虑以上各方面，结合自身条件和需要确定上市地，没有最好的，只有最适合的。

四、资本陷阱及防范

（一）观念陷阱

部分农业企业创始人在接受资本观念后，过分重视资本运作，反而舍弃了产业经营。没有了产业这个“1”，有多少“0”都是没意义的。

例如在 OTCBB 挂牌的某农业公司，本来是一个小作坊，通过协议并购，在美国挂牌，并成功融资 3000 万美元。之后，企业通过并购和财务包装，业绩如同吹泡沫般涨大，但由于产业根基不牢，内外矛盾爆发，最终股价较上市时跌去大半且有价无市。

（二）上市陷阱

上市可以是赚钱的幸福事业，也可以是灾难。一个奇怪的现象是，一个上市项目是中介赚钱的事业，却是股东的灾难。一些企业上市后被退市，在上市—维持—退市的过程中损失惨重。

公司退市的原因五花八门，主要有以下几种原因：

1. 业绩

中国股市有连续 3 年亏损即“特别处理”的规定，其他股市也有股价、活跃度等达不到一定水平即退市的相关规定。

2. 造假

一些公司通过造假上市，被调查公司甚至被原投资人揭发。

3. 投资者关系处理不当

在西方国家，上市公司投资者关系处理是一项很重要的工作，一旦处理不当，就可能遭到误解或者歪曲，导致公司和投资人遭受严重损失。国际上不乏业绩优良却因投资者关系处理不当而退市的案例。

4. 违法

例如股东抽逃、挪用资金及其他损害上市公司的违法犯罪行为。

5.上市变鸡肋

例如一些在创业板、粉单市场挂牌的公司，本来就是被中介忽悠去的，自身并没有弄明白上市对自己的作用，坚持了几年，除了花钱、费事、损害公司形象外，没有任何作用，退市成为最好的选择。

6. 主动选择退市

处于一些目的的考虑，一些上市公司会选择主动退市来规避一些约束或风险。

不要把股市想得那么好，也不要想得那么糟。股市是一把双刃剑，运用得当，是很好的工具，运用不当，反而害了自己。

国内某知名食品生产企业，某日头脑一热决定上市。企业聘请了知名券商，并按其建议，为提高发行价决定冲业绩。上市基准年度正常销售 4 亿元左右，结果企业通过向经销商压货、促销、虚假销售等方式，完成了 6 亿多元的销售额，账面利润更是翻着跟头上升。最后，因存在很多问题没有解决，证监会当然拒绝了其上市申请。此时，券商马上闪人，经销商要求退货或者低价销售，一下子打乱了企业的价格体系，并给企业现金流、信誉造成重大负面影响，企业几乎倒闭。

要知道，企业包装上市其实只是券商的一个赚钱途径，不成的话他闪人，成的话他赚钱，而对企业而言可能是企业的全部。

（三）法律陷阱

条款一定要清楚。资本事件中，很多条款都有可能构成陷阱。

（四）财务陷阱

一个最不值钱的企业值多少钱？一元？不对，可能是负的 1 亿元。某特种种植企业就是因为一时不慎，相信了当时“与自己像哥们一样的投资人”，现在即使把企业白送人都没人要，因为企业已经资不抵债，其借款和混合权益融资的偿债风险非常大，一旦资金链断裂，业主就要承担无限连带责任，企业搭进去不说，个人还要再偿还 1 亿多元。

德隆当初向汇源借钱时利息很高，很多汇源的人都认为很划算，但后来如果不是及时清理，不但利息收不到，本金也打水漂了，因为德隆倒闭了。

以上仅举了几个简单的例子，类似的陷阱还有很多，我们简要介绍一些应对原则。资本运作是非常专业的事，真正决策、操作的时候，还是要靠专家。

引入诚信、专业的外脑或人才。选择投资顾问公司，就像选择乘船过河，不专业的船夫可能会翻船，骗子则会在河中持刀抢劫。没有船夫的话你恐怕无法过河，所以要选择诚信且专业的船夫带你安全渡河。

包装要专业、适度。包装是要把自己打扮得更漂亮，而不是把砖头包装成iPhone。一些企业就是因为过度包装，导致上市之路被封死。

不要相信天上掉馅饼的事，遇到免费或者收费远低于通常水平的公司或人，加一万倍的小心。

保持清醒的头脑，决策要快，更要确保安全，拿不准的时候宁可放弃而不占便宜，也不要头脑一热在五分钟就作出决策。毕竟，这不是在菜市场买菜。

第十一章

爆款网红农产品典型案例

第一节 五常大米——葵花阳光

一、五常大米，品牌何在

中国大米看东北，东北大米看五常！

五常是世界难得的大米产区宝地：千年寒地黑土，百年精耕细作，香名一世稻花香种，六山一水自然孕养……这一切都无可复制。

然而，在这块宝地的背后，五常大米却遭遇“品牌公地”的困局。五常米好，品牌难寻。

在市场调研中发现，绝大多数消费者只知道“五常大米”，却不知五常大米有哪些知名品牌。他们对五常大米的认知，还停留在笼统的品类认知和产地认知阶段，没有哪个五常大米品牌在他们的脑海中有很深的印象。更糟糕的是，众多企业大肆抢占“五常”这个优质大米产地公共资源，频频爆出掺假事件，严重透支“五常”产地信誉。严重时，500余家大米厂商，充斥的尽是“米碾子”（小作坊）的以劣充良；180 万亩五常稻田，却没有一个叫得响信得过的全国品牌！

都知五常大米好，但是单纯凭借“五常”二字，消费者能够放心购买到名副其实的高价值产品吗？良心企业能够获得应得的价值回报吗？显然不行。

二、源于品类，高于品类

作为葵花药业集团进军现代农业的战略支点，葵花阳光米业坐拥五常稻米核心产区，坚守以制药的理念做大米，决心无愧于五常大自然的礼遇，为五常大米的品类正名做担当！

如何实现？必须跳出传统思维，树立“源于品类，高于品类”的竞争策略，用品牌占领品类，抢占五常大米的市场第一宝座，让葵花阳光成为消费者心智中五常大米品类中的品牌代表！

这是葵花阳光的战略抉择！在缺少品牌推广的五常大米市场中，谁先升起，谁就是太阳。这是葵花阳光品牌叫响全国的天赐良机！葵花阳光决心扛起“东北·五常大米领导品牌”的品牌大旗。

三、抢文化资产，为品牌找魂

高擎“东北·五常大米领导品牌”品牌大旗。在营销传播中，一是以“东北和五常”为背书，实施对产地资源的抢占，让品牌与“葵花阳光”紧密关联；二是用文化为品牌塑造灵魂。

什么是葵花阳光的灵魂，其品牌核心价值是什么？其核心就是：遵循自然、生态绿色！农业的本初，就是一种自然而然的文化。我们要让这种“自然而然”的文化回归到葵花阳光的品牌灵魂之中！

在葵花阳光五常有机稻场，葵花阳光为五常大米所做的一切，正是自然而然农业文化的体现。只遵循天时的节气时令，只享受黑土地的滋养，只接受山泉水的清冽，只在温润的山风中徜徉，只允许古法农具的调教……

“葵花阳光——稻法自然！”这就是葵花阳光发自灵魂的品牌诉求！

四、多产品布局，构建市场绝对统治力

营销之父科特勒说：伟大品牌的核心是产品。产品是实现企业目标的战略工具，企业的战略目标、市场地盘、消费者满足和企业利润均由产品结构围合而成，也筑成竞争壁垒。

作为五常大米的首席代表，葵花阳光必须在市场地盘和产品序列上构建充分的“霸权和统治力”。

“自然稻”系列；“福稻”系列；“一米阳光”系列。

除此之外，“北纬 45 度”主打小产区稀有价值。

走进葵花阳光五常大米专卖店，只要消费者说出需求，就一定有他们心中所想的产品。

五、直供模式，打破消费者信任屏障

好产品好品牌如何让人相信，这是良心企业做品牌时面临的一个普遍问题。

消费者在购买五常大米时，常常问同一个问题：你家的大米真是五常的吗？

拍胸脯说一万句不如一个实际行动。从田间直达厨房餐桌，杜绝任何第三方环节，对，直供！“五常好米，直供为你！”葵花阳光决定以“直供”为核心渠道策略，突破消费者不信任屏障。不用发誓，不用认证，用直供直接建立信任。因为直供保真是公理。

葵花阳光建立起“实体专卖店、网销、团购”三位一体的渠道网络：哈尔滨、深圳、广州、昆山、海口、贵阳、重庆等地专卖店陆续开业；京东、天猫等电商平台也有了由葵花阳光产地直供的五常放心米。

葵花阳光代表的让人放心的五常大米，正在改写五常大米的历史，在全国米业品牌发展上正在起着示范作用。

第二节 中华虾王——国联水产

一、出口虾王的困惑

国联水产是中国出口对虾企业的典型代表，是亚洲输美对虾唯一零关税企业和内地唯一供港活虾企业，产品长期出口欧美十几个国家，占中国对美国对虾出口 40% 的份额。2010年国联水产在深交所上市，成为“中国第一虾”。

从 2006 年开始，受人民币持续升值、劳动力成本不断增加、欧美反倾销贸易壁垒等多种因素的影响，中国对虾的出口优势逐渐减弱，外销行情一路走低。

外销受阻，转作内销，这是国联水产等出口企业最原始的想法，但是当他们把目光聚焦到国内市场时才发现，以往依靠订单生产的发展模式失灵了。面对复杂的国内市场，原来威风八面的知名企业其实就是无团队、无品牌、无渠道的“三无企业”。

出口转内销，如何开辟“第二战场”？

二、转型：观念是第一生产力

（一）内需是未来

与出口业务持续低迷形成强烈反差的是，2007年以来，内销市场增势强劲，连续多年增速保持在两位数。与美国人均年消费2.04千克、日本人均年消费2.56千克虾相比，我国人均年消费虾只有0.68千克。内需消费升级，中国对虾产业新一轮战略机遇期正在形成。

（二）品牌是王道

中国市场正迎来品牌农业和农产品品牌化的革命浪潮。

食用油有金龙鱼、福临门，酱油有海天、李锦记，调味品有太太乐、王守义，鸡蛋有德青源等。而十多年前，这些品类市场都没有品牌。

国内对虾消费领域，消费者心智中尚没有清晰的品牌倾向。树立品牌，抢占市场先机，是决胜内销市场的重要法宝。国联水产推出自己的消费品牌，以最快的速度抢占品类老大宝座，成为消费者心智中对虾品牌的开创者和领导者！

（三）产品是钥匙

长期以来，国联水产等企业出口的产品，严格地来讲还只属于食品加工原料，销售形态极为初级甚至是“裸奔”。这也是导致国内对虾消费习惯和频次相对落伍的重要原因。

反观国内速冻行业，由于思念、三全的推动，散装产品早已退出历史舞台；鸡蛋行业，由于德青源等的推动，包装产品早已大行其道；最传统的肉类行业早就进入休闲、快消和冷鲜专卖阶段。

从散装到包装产品，从食品原料到精深加工产品，是对虾作为食品销售的根本属性。只有创新的产品形态，才能成为打开国内市场的金钥匙。

三、品牌建设：从不可替代的价值优势出发

国联水产历经十余年的发展，已经形成了从基地到餐桌的生态产业链优势，连美国 FDA 官员、全球对虾养殖联盟（GAA）主席和沃尔玛全球总裁都被征服。是的，每一个到过国联水产工厂的人都会彻底改变对传统水产的认知和想象。

但优势太多有时候也是障碍！什么都想说，就什么也记不住。如何在众多优势中挖掘不可替代的价值优势，树立国联水产独特的品牌价值，是品牌建设的关键！

经过一轮又一轮头脑风暴，最终，“世界标准，好虾龙霸”的品牌诉求和“源于全球对虾样板基地”的价值支撑被定格。这是对国联水产众多优势的高度概括，强调的是整体优势，树立了产业标准和品牌话语体系，超越了单一的利益和卖点之争，是国联水产众多优势中最不可替代的价值优势！同时，以无与伦比和无可争辩的事实抢占行业制高点，制造不可逾越的心智门槛。

四、战略性产品创新：用产品推动产业

伟大品牌的核心是产品。

在快节奏的生活环境下，消费者早已习惯了短时间内解决一日三餐。而对虾行业落后的产品形态，与消费者追求方便美味、安全放心的心理需求相去甚远。

任何行业的发展与进步，都离不开龙头企业的引领与推动。国联水产有责任有义务率先革新产品形态，推动消费升级，引领行业进步。

为此，国联水产从三个层面进行了系统的产品规划。

第一，革命性推出中国第一款对虾方便菜品——水煮香辣虾。整合方便面和火锅的吃法，鲜虾配好料，开创历史之先河，引导消费新潮流，让冷虾热起来，让慢消变快消。不仅实现了从散装产品到包装产品的升级，更从粗加工产品走向了精加工，可谓国联水产一小步，对虾行业一大步！

第二，将传统散装产品精美包装化，满足普通消费者追求食品安全的需求。

第三，开发出芙蓉虾、椰丝蝴蝶虾、虾肉肠、虾肉丸等深加工产品。

在产品传播上，将水煮香辣虾作为企业的战略性明星产品进行宣传，并提炼出了“5 分钟鲜辣一下”的诱导式广告诉求，直接刺激消费购买。

五、品牌打造："三无"企业的明星战法

如何快速走出"三无"局面？明星代言是最好的引擎和助推器。

明星代言是战略投资，是花小钱赚大钱，一个好的明星代言人，能够帮企业省上千万的传播费用。

明星代言是高端占位，是给品牌安装了加速器，能够把明星的高知名度和美誉度有效嫁接到品牌身上，快速提升品牌知名度和影响力。

明星代言是招募大旗，是组建团队、招商建网、终端铺货的助推器，只有用明星率先在渠道和终端建立品牌，才能最终在消费者心智中建立品牌。

谁是最佳人选？龙霸是享誉国际的中国虾产品品牌，品质卓越，周游列国，华夏虾王，健康世界。对，周华健！周华健良好的明星形象，与国联水产健康、高品质的品牌诉求非常吻合。

六、市场推广：渠道品牌快建网，明星终端强推动

营销队伍是出口型企业最大的短板。如何高效建立？国联水产制订了"小团队，大功能"的团队建设方针，建立服务型营销组织。

招商是企业的第一次营销！对出口转内销企业来说更为重要。只有率先建立了强势的渠道品牌，才能谈得上渠道建设、终端铺货，才能让品牌最终走上消费者的餐桌。

为了快速锁定传统批销商、餐饮经销商以及商超经销商三大群体，国联水产制定了四位一体的招商策略，通过参加全国渔业博览会、全国糖酒会、举办中国水产年会，与《新食品》《糖烟酒周刊》等行业媒体战略合作，快速建立强势渠道品牌。

为打造强势终端品牌，国联水产制定了“千店百星耀全国”的终端推广工程，进驻1000家大型连锁卖场和连锁超市，打造100家“店中店”式明星产品终端，使品牌快速落地促进产品销售。

产品形态的创新，终端形象的生动化，以及消费的便利化，正在改变长期以来中国人吃虾的习惯。

七、品牌传播：上天入地，以小搏大

由于是初涉国内市场，队伍建设、渠道建设还都处在起步阶段，在品牌传播上，国联水产一是控制费用和风险，不做无谓的铺张浪费；二是敢于上天入地，以小搏大。

（一）央视品牌拉动，抢占传播制高点

首先是从战略全局的高度看待媒体投放，上央视做大传播，为的是占领行业制高点，快速创建品牌，拉动渠道，带动终端。由周华健代言的品牌广告开始在中央电视台一台和二台投放。由于媒体策略精巧，小小投入，却在行业内形成了强大的品牌冲击波。

（二）新闻公关造势，以点带面强落地

为了提升品牌知名度和美誉度，国联水产在青岛国际

渔业博览会上召开新品牌战略发布会，全行业重要人物悉数到场，由国联水产倡议发起的“让中国人吃上放心虾”大型公益行动也同步启动，并现场宣读规范行业行为的倡议书。此后，国联水产以此为核心，在各大明星终端开展展示和试吃活动，对终端销售起到了极大的带动作用。

尤为惊喜的是，国际水产权威组织全球对虾养殖联盟（GAA）总裁在现场亲自为国联水产颁发“全球对虾样板基地”的荣誉证书，震撼全行业。

国联水产，王者归来之路，已经璀璨起航。

第三节 “黑老大”——南方黑芝麻

“黑——芝麻糊哎……”，一声吆喝，一条街巷，一缕温暖，一股浓香，深深打动了人心，让黑芝麻糊飘香20载，成就了南方黑芝麻集团。然而斗转星移，80后、90后新生代成为消费主体，传统冲调食品渐渐被人遗忘，被挤在货架的边缘。曾经风靡一时的南方黑芝麻糊已显老迈，与消费主体渐行渐远。

如何让“南方”这个老品牌焕发出新活力？如何让消费人群老年化的南方黑芝麻糊赢得70后、80后和90后的“芳心”？

一、问题诊断：痛在产品，病在战略

作为“黑芝麻糊”品类的开创者，南方黑芝麻糊飘香20余年，堪称经典。但是作为一家上市公司，产品单一，增速缓慢，其发展显然不如人意。

南方黑芝麻集团一直试图打破这种局面，他们以“糊”

为定位，选择在冲调食品领域中左突右冲，相继开发了豆奶粉、核桃粉、玉米糊等产品，希望打造第二个、第三个“黑芝麻糊”产品，但结果并不理想，新产品销售总额加起来占不到总销售额的5%。

问题到底在哪里？

二、卖“糊”还是卖“黑芝麻”

产品的背后是战略。南方的问题看似是产品问题，本质是“战略定位”和“品牌价值”问题。战略不确定，产品就没有发展依托。

“南方黑芝麻糊”的成功带来了南方黑芝麻集团的成长，这是“糊”的成功，还是“黑芝麻”的贡献？哪个是决定性的因素？原来公司执行的“糊类第一品牌”的战略定位对不对？

南方黑芝麻集团的工作人员与请来的咨询人员一起，用30天走访了全国十几个省，从渠道、终端、消费者、销售队伍几个维度进行了调研和座谈。

在消费者认知中，黑芝麻能补肾、乌发、润肠、益智等。一提起黑芝麻产品，消费者认为“南方黑芝麻”最正宗、最地道。因此，南方黑芝麻糊的核心价值不是“糊”而是“黑芝麻”！

“糊老大”战略，看似市场巨大，其实除黑芝麻之外，没有一个属于南方黑芝麻集团，这是丢掉金饭碗到处抢别人泥饭碗的下下策。“黑芝麻”是一座金矿，南方黑芝麻集团只挖出了很少的一部分，产品类型少，消费人群窄，消费情景单一。其实，黑芝麻大有作为！

三、从慢消变快消

调研发现，除奶粉、米粉外，传统冲调食品：芝麻糊、燕麦片、豆奶粉、核桃粉等，消费人群明显老年化，销售整体走弱，货架逐渐萎缩。南方黑芝麻集团在糊类市场表现最好，但是也挡不住销量疲软的窘境。从这个意义上说，这不是黑芝麻糊一种糊的问题，这是整体“糊”品类的消费方式所致。

生活越来越好，消费越变越“懒”，而传统冲调食品需要餐具、热水，食用不方便，吃完还要清洗，不符合“便利、轻松”的主流消费趋势。

相继推出玉米糊、豆奶粉、核桃粉等产品销售均不理想，先不说战术手段的执行是否到位，从冲调食品的发展趋势上看，如果按这个“糊老大”的战略方向走下去，将局限南方黑芝麻集团的快速发展！所以，南方黑芝麻集团原来的战略方向错了！

要让南方黑芝麻糊以及未来的新产品，从慢消变成快消！

四、战略调整：从“糊老大”到“黑老大”，一个中心，两大战役

“黑芝麻”是“南方”的联想要素。经过多年的品牌

推广，“南方＝黑芝麻”已经植入消费者心智，“南方”代表中国最好的黑芝麻。“南方”制定的新战略目标就是改变现在的“糊老大”战略，实施“黑芝麻老大”战略，实现“南方”价值的传承与回归。

由“南方黑芝麻糊”的成功，到做中国“南方黑芝麻”老大，再到将来的“南方黑色”食品王国的发展战略构想，可以说“退一步，海阔天空”，想象空间无限。

明确“南方”的战略价值核心后，企业制定了“一个中心，两大战役”的战略规划。

一个中心：聚焦黑芝麻，大力实施“黑芝麻老大”战略。用至少五年的时间，从行业定位到消费心智，将行业老大变成消费者心智中真正的“黑芝麻”老大。

品牌战略：南方黑芝麻集团的核心品牌资产不是“南方”（中国驰名商标），也不是“糊”或“黑芝麻糊”，而是“南方黑芝麻”。这五个字不可分割，就像“云南白药”“雀巢咖啡”一样。这是企业发展和产品开发必须坚守的核心 DNA，也是建设百年品牌的根基。

两大战役：一是黑芝麻糊的升级防御战。主打品种“南方黑芝麻糊”已经成为全国知名产品，在这条品类高速公路上，急需丰富产品线，多渠道释放品类价值和势能，做大南方黑芝麻糊品类规模；二是利乐项目培育进攻战。利乐项目要围绕“黑芝麻”开发，这是“南方”的战略升级产品，也是实现由糊类向主流消费品类跨越的载体。通过两大战役的实施，最终实现品牌时尚化、人群年轻化、产品快消化。

按照新战略方向，可以做的东西很多，黑芝麻饮料、黑芝麻饼干、黑芝麻油、黑芝麻早餐粥、黑芝麻保健食品等。

五、重塑品牌价值：中国滋养智慧

（一）重塑品牌价值

南方黑芝麻的战略和品牌确定后，还要解决两大问题：

第一，南方黑芝麻的品牌（品类）价值到底是什么？能给消费者带来什么利益？

第二，南方黑芝麻的价值标准在哪里，如何评判？

调研消费者后得到的信息是："黑芝麻是个好东西，很养人"，再往下追问具体好处，"乌发、养颜、补肾、润肠、壮骨……"不一而足。消费者认可"南方黑芝麻"是基于黑芝麻的文化价值和感性价值。而黑芝麻好处太多，认知不一，怎么办？

调研组一头扎进图书馆，翻阅了《本草纲目》《神农本草经》等多部医药名著，最终用通俗个性的方式提炼出了——黑色滋养。头发需要滋养，大脑需要滋养，皮肤需要滋养，肠胃需要滋养，"黑色滋养"被提炼出来。

黑芝麻食品在中国有上千年的历史，名曲古籍中多有其药用价值记载，可见小小的黑芝麻蕴含了中国老祖宗的大智慧，品牌诉求水到渠成："南方黑芝麻·中国滋养智慧"！

（二）传承品牌形象

什么是南方黑芝麻品牌形象的记忆点？调查发现，消费者对于那个舔碗边的小男孩至今津津乐道、记忆犹新。这是品牌形象的重要资产，也是品牌符号化的重要构成。任何代言人都时效有限，而品牌符号将是令企业终身受益的形象记忆和资产。

企业对“南方黑芝麻”的品牌区进行了重新规划，除了必需的“南方黑芝麻”五个字进行统一处理，还把舔碗边小男孩与慈祥大妈的深深关爱图进行抽象与升级，重新拍摄，作为品牌图形商标辅助符号。

在“南方黑芝麻”的品牌旗帜下，南方黑芝麻重新进行了品牌规划和全线产品系统梳理，规范了品牌、品类和产品关系，形成南方黑芝麻家族品牌形象的统一和整合。

六、竞争壁垒：三大标准——有机种植、三度精选、20 年专注

一直被模仿，从未被超越！苹果公司的一句名言用在南方黑芝麻糊上非常适合。

全国很多企业生产黑芝麻糊，但没有一个能够在品质和口感上超越南方黑芝麻糊，为什么？从黑芝麻产地、种植、选材标准等，南方黑芝麻集团都有极为严苛的要求。如“三度精选”，挑剔每一粒黑芝麻的黑色度、饱满度、蛋白度，最大化保留黑芝麻的原生滋养和浓香。再加上 20 多年的技术工艺、生产经验，当然是无法复制的。

为此，南方黑芝麻集团提炼了三大品质标准，也是三大竞争壁垒：有机种植、三度精选、22年专注，并在有机黑芝麻原产地江西建立了原料基地。

七、形象年轻化：王力宏代言，老品牌时尚转身

老品牌是一种资本，但品牌的传播与沟通要活在当下，不然你就真的“廉颇老矣”！

可口可乐，一百多年了，还“要爽由自己”，刘翔代言，你从未感觉到这个百年品牌老了。随着80后、90后消费群体的崛起，南方品牌没有跟上时代，沦落为“中老年人专属”，这一点非常可怕。

在偶像独尊的时代，明星是品牌形象塑造最好的工具。谁能扛起南方黑芝麻代言的大旗？最终选定当红实力巨星王力宏。王力宏的超高人气大大超出企业的想象，当公司一名80后女员工听说要邀请王力宏代言时，激动得当场哭了。

2010年12月1日，王力宏代言的南方黑芝麻糊“爱相随”在北京拍摄完成。

新版广告传承了南方品牌的故事和声音，原来的小男孩已经长大，但他忘不掉南方黑芝麻糊，把他童年的最爱献给了他恋爱中的女友。广告中巧妙融合了由王力宏本人创作的《你不知道的事》作为广告歌曲，使得广告形神兼具，借足名人势。传统的南方黑芝麻随着王力宏和他的歌声一下子时尚起来了！

八、产品落地：把糊装进爱心杯，让慢消品跑起来

伟大品牌的核心是产品，黑芝麻老大的战略支点也是产品。南方黑芝麻的两大战役到底怎么打？

一个香飘飘奶茶，年销售近30个亿，跟进者优乐美三年时间就做到20多个亿。凭什么呢？只是把奶茶装进了纸杯中，于是，原来一个消费场所受局限的产品“飞”了起来。

这给了南方黑芝麻集团启发：把糊装进爱心杯，让慢消品跑起来！

将经典袋装芝麻糊产品装入时尚的奶茶杯里，借助成熟的消费习惯，让产品时尚化、快消化，实现人群、货架、渠道、价值的改变，快速回归主流消费市场。

为了与众多奶茶进行区隔，把杯装黑芝麻糊命名为爱心杯，并且把杯盖中间做成红红的心形。

说起为什么叫“爱心杯”，这里透露个秘密。爱心杯的创意源点同样来自王力宏。据了解王力宏挣的钱，90%用来做慈善，10%用来做音乐。正是这颗务实公益心，大大丰富和升华了王力宏的品牌内涵和品牌美誉度。而关爱，正是南方黑芝麻最重要的品牌基因。所以，把杯装新品命名为“爱心杯”。

九、渠道加速：从铺不开面、下不去货，到全渠道立体覆盖

原来南方黑芝麻集团的经销商以传统冲调类为主，网

络重点覆盖区域主要在一、二级市场。渠道不宽，市场维护及服务不到位，渠道推进力度不足。

南方黑芝麻集团的渠道一定要升级，要改变渠道狭窄单一、货架萎缩、卖场位置偏僻的现状。“爱心杯”推出后，渠道建设在借助老经销商的同时，着重开发了休闲食品、方便食品、饮料等行业新的经销商，最终形成以大型连锁商超渠道为核心，以特通渠道和流通渠道为双轮驱动和支撑，实现对大型连锁超市、便利店、餐饮、大流通、三四线乡镇农村市场的全通路覆盖，抢占冲调和休闲快消双渠道品类区，保证全面覆盖，快速放量。

为了适应消费群体网上购物的需求，南方黑芝麻集团丰富了网购渠道。选择京东、天猫、1 号店、中粮我买网、红孩子等成熟的网络商城，并积极应用网络公关、广告、品牌旗舰店（专柜）等形式，实现与 80 后、90 后等年轻目标消费群的对接。

十、传播升级：抢占消费者心智，更要抢占行业制高点

做行业老大，有两个制高点，一个是消费者心智，一个是行业话语权。

2011 年正月，南方黑芝麻集团打响了年度整合营销传播大战。王力宏代言的“爱心杯篇”影视广告紧跟王牌娱乐栏目《我要上春晚》《星光大道》《快乐大本营》《天天向上》《非诚勿扰》等重磅播出。

同时，网络营销正式启动。将网络营销作为重要战略手段，采取以王力宏为传播亮点，网络话题、网络口碑、轻广告、网络互动全面覆盖。南方黑芝麻创造的“再也坐不住了”成为网络流行语。轻广告“萌猫 KITTY 喝黑芝麻糊变身黑猫警长”等创意视频和漫画，引发网友疯狂转载、互动，甚至导致官网一度瘫痪。

为抢占行业制高点，南方黑芝麻集团实施了“三个一”工程：成立一个黑芝麻产业联盟，借势东盟博览会整合行业资源；成立一个技术中心，抢占产业科技发展制高点；建立一个产业基地，以产业链形成更强的竞争力，让“南方”在黑芝麻行业巩固老大地位的同时，实现从老大到伟大的升级。

十一、团队激活：南方黑芝麻动员大会

南方黑芝麻集团作为二十多年的老牌企业，团队多少存在一种通病——“有感情，没激情”。为统一思想，上下同欲，坚定信心，坚决执行，南方黑芝麻集团策划并实施了对内部员工和经销商的动员大会。

2011 年正月，针对南方内部员工，召开“2011 南方黑芝麻营销升级总动员”，聘请外部营销顾问公司分别就南方新品牌战略、策略创意、市场操作等进行了系统培训。

2011 年 3 月 24 日，针对经销商的“南方黑芝麻新品牌战略发布会”在成都天堂洲际酒店召开，王力宏亲临现场助阵，全国优秀经销商代表三百余人出席会议。不少经

销商感叹：南方早该变一变了，等了多少年了！

是啊！二十多年的发展，每一位南方食品人和经销商都认为南方可以做得更好，一直憋着一股劲，却找不到发力点，这次南方黑芝麻集团找到了这个点，并成为跨越式发展的突破点。

从老大到伟大，南方黑芝麻集团迈出了至关重要的步伐。但这只是走完万里长征第一步。面向未来，南方黑芝麻集团最大的挑战和考验是对战略的信心和坚持。方向对了，路就不会太遥远。

参考书目

[1] 陈令军，马山水 . 构建基于文化的农产品品牌研究 [M]. 北京：经济科学出版社，2010.

[2] 马国宇，王继平 . 农产品市场营销及品牌建设 [M]. 北京：中国农业科学技术出版社，2015.

[3] 张岩松 . 社会养老服务体系建设研究 [M]. 大连：东北财经大学出版社有限责任公司，2016.

[4] 许传波，陆远强，汤森龙 . 农产品质量安全与农业品牌化建设 [M]. 北京：中国农业科学技术出版社，2016.

[5] 刘德军 . 农产品地理标志品牌资产影响因素及其作用机制研究 [M]. 北京：经济科学出版社，2018.

[6] 王易，王灿锦，李芳华 . 农特微商，这么做才赚钱：农产品如何做好营销、运营与品牌 [M]. 北京：机械工业出版社，2016.

[7] 李建军 . 农产品品牌建设 [M]. 北京：经济管理出版社，2014.

[8] 韩旭 . 中小农业企业品牌战法 [M]. 北京：企业管理出版社，2016.